La constitution d'une armée moderne et ses opérations sur le terrain

Une étude basée sur l'expérience de trois années sur le front français (1914-1917)

René Radiguet

Writat

Cette édition parue en 2023

ISBN : 9789359250984

Publié par
Writat
email : info@writat.com

Contenu

AVANT-PROPOS

DIVERSES missions envoyées aux Etats-Unis par les armées alliées font désormais bénéficier l'armée américaine de leur expérience pratique. Ces missions transmettent aux officiers de chaque arme la connaissance des détails qu'il leur est nécessaire d'acquérir.

Le but de ce livre est de montrer aux officiers américains, mais aussi aux civils qui s'intéressent aux questions de guerre, comment se compose une grande armée sur le front européen au cours du dernier trimestre de l'année 1917.

Au cours de considérations générales , nous avons expliqué ce que l'on entend par les mots « stratégie et tactique » ; nous avons décrit ces lignes intérieures qui ont été d'un si puissant secours à l'Allemagne ; nous nous sommes arrêtés sur la composition des grandes unités d'une armée, et plus particulièrement sur celle d'une division comme unité combattante.

Nous avons ensuite examiné la question du commandement, et nous avons tenté de définir ses devoirs ainsi que ceux des états-majors.

Nous avons ensuite consacré des chapitres spéciaux à l'étude de l'aviation, des fortifications de campagne, de l'artillerie, des approvisionnements en munitions et de l'infanterie.

Ce n'est pas par hasard que nous avons placé les différents sujets dans cet ordre. Cela facilitera la compréhension du dernier chapitre, dans lequel nous décrivons, avec des exemples, comment préparer une attaque et par quels moyens son succès peut être assuré.

Nous avons cru bon de terminer par quelques remarques sur les moyens de guerre déshonorants employés par les Allemands : ils ont joué un trop grand rôle dans des opérations importantes pour ne pas être mentionnés.

Nos lecteurs comprendront pourquoi, dans certains cas, nous avons simplement fait allusion à d'éventuelles améliorations imminentes de certaines parties de l'armement, sans entrer dans des détails qui ne pouvaient être donnés sans danger.

Les quelques exemples que nous citons ont été sélectionnés avec considération. Soit nous y avons participé personnellement, soit ils nous ont été fournis par des officiers en qui nous avons implicitement confiance.

La lecture de ce livre permettra à ceux qui ont des fils dans les armées européennes de les suivre plus intelligemment dans les opérations auxquelles ils participeront bientôt, car nous sommes en mesure d'affirmer que le gouvernement des États-Unis a, pour la formation de l'armée américaine a adopté les chiffres sur lesquels l'expérience a appris à la France à se prononcer. Par conséquent, ce que nous disons des forces françaises et même des forces britanniques s'appliquera aux armées américaines.

————— - 2 - —————

adopté les chiffres sur lesquels l'expérience a appris à la France à se prononcer. Par conséquent, ce que nous disons des forces françaises et même des forces britanniques s'appliquera aux armées américaines.

La création d'une armée moderne

SYNOPSIS DES PRINCIPALES OPÉRATIONS MILITAIRES DES ALLIÉS SUR LE .
FRONT OCCIDENTAL

ON a souvent dit qu'après la bataille de la Marne, les Allemands étaient pratiquement vaincus. Les exploits des armées allemandes depuis ce jour dans des domaines si nombreux et si variés, la force qu'elles ont si souvent démontrée, nous empêchent de partager cette opinion.

Nous pensons que leur défaite sera due à l'accumulation des erreurs qu'ils ont commises.

En septembre 1914, leur supériorité en nombre et en armement était considérable. Leurs armées tenaient en France des positions qui leur permettaient, après une rapide réorganisation, d'assumer une nouvelle et vigoureuse offensive contre l'armée française, leur seul adversaire alors à l'Ouest.

L'inconcevable orgueil du parti militaire allemand l'avait encouragé à mépriser l'ennemi et à entreprendre aveuglément cette formidable course à travers la Belgique pour la prise de Paris. Ce rêve s'évanouit sous les coups portés par le général Joffre et ses armées merveilleusement réactives.

Sa haine de l'Angleterre, d'abord, et, en second lieu, sa soif de conquêtes, allaient conduire l'Allemagne à commettre de graves bévues et à perdre la récompense en s'accrochant à son ombre.

Pour empêcher la mobilisation des armées britanniques, le Kaiser, après avoir retranché ses forces sur le front français, envoya toutes les troupes dont il pouvait disposer contre Calais. Il se sentait si sûr du succès qu'il suivit lui-même les opérations, prêt à entrer en conquérant dans la ville qu'il comptait conquérir. Il avait agi de même deux mois auparavant à Nancy ; et ayant échoué dans cet effort, il avait hâte de se venger.

Les armées française, britannique et belge prirent soin de transformer sa chère vengeance en une pitoyable défaite.

C'est alors que le commandement allemand commet l'erreur qui fera perdre la guerre à l'Allemagne.

Quittant le front occidental, laissant aux armées françaises et britanniques le temps de se réorganiser, de s'armer et de rassembler des forces, les Allemands, ayant perdu tout espoir de remporter les victoires rêvées à l'Ouest, lançaient leurs légions sur la Russie qu'ils savaient menacée. insuffisamment préparés, et commencèrent cette campagne qui devait aboutir à la prise de la Pologne et des provinces baltes, et à la récupération de la Galice.

Les conséquences de l'adoption de ce nouveau plan se faisaient immédiatement sentir.

Au début de l'été 1915, en Artois, les Français et les Britanniques commencèrent à porter des coups qui prouvèrent que le système de fortifications de campagne le plus solide pouvait être pris.

En septembre 1915, le général Pétain, en Champagne, inflige une terrible défaite aux Allemands. Cette opération, menée simultanément avec celle de l'Artois, leur coûta trente mille prisonniers, cent cinquante canons, de lourdes pertes et, ce qui est encore plus important, les obligea à abandonner des positions très prisées et fortement fortifiées.

Au début de 1916, après avoir réalisé son programme en Russie, l'état-major allemand résolut d'en finir avec le front occidental et attaqua Verdun avec des forces d'artillerie et d'infanterie aussi énormes qu'on n'en avait jamais connues auparavant.

Partout en Allemagne, on annonçait que l'assaut et la prise de Verdun mettraient fin à la guerre.

Chacun sait à quel point ils ont été trompés. Les Français, surpris et d'abord secoués, se ressaisissent rapidement. Pendant cinq mois, ils disputent le terrain pied par pied avec une ténacité et un héroïsme qui font de la défense de Verdun le plus sublime exploit militaire enregistré par l'Histoire. Les Allemands ne prirent pas la ville-forteresse, mais sacrifièrent dans leur tentative la fleur même de leurs armées.

Verdun n'avait pas épuisé toutes les forces des armées françaises. Le premier juin 1916, sur la Somme, le général Foch attaqua les Allemands avec une telle fureur qu'ils durent suspendre entièrement leur offensive contre Verdun.

Le 1er juillet, l'armée britannique, qui avait atteint sa forme et son efficacité définitives, prit place à gauche des positions du général Foch, et dès lors les Allemands furent contraints de transférer la plupart de leurs effectifs dans la Somme. et l'Aisne afin de s'opposer à l'avancée franco-britannique.

La lutte commencée dans ces régions au cours de l'été 1916 s'est poursuivie jusqu'à présent sans pratiquement aucune interruption. Lentement mais sûrement, les Franco-Britanniques ont chassé les Allemands de toutes les positions qu'ils considéraient comme imprenables. Ils continueront par cette méthode à les refouler en Allemagne.

Les armées françaises de gauche et du centre entreprennent au printemps 1917 de très vastes opérations dans l'Aisne et en Champagne, qui leur ont permis de s'emparer de positions dominantes, comme le chemin des Dames sur l'Aisne et le les collines du « Cormillet », du « Teton », du « Monhaut » et du « Mont-sans-nom » en Champagne, qui seront d'une grande valeur pour les offensives futures. La prise de ces collines, que les Allemands avaient proclamées *imprenables* , faisait naturellement suite aux succès remportés en 1915 par l'armée du général Pétain, et fut complétée par de nombreuses opérations de moindre envergure, trop longues à énumérer ici.

Sur l'Aisne, l'avancée des Français n'a pas été retardée par la fameuse retraite d'Hindenburg. Dès le début, les Allemands nous ont habitués aux bluffs les plus étonnants, destinés plus à aveugler leurs compatriotes qu'à effrayer leurs adversaires, mais la célèbre lettre dans laquelle le Kaiser complimentait Hindenburg pour sa « retraite magistrale » (retraite géniale) est *certainement* la le bluff le plus prodigieux jamais enregistré.

Alliés, prions Dieu pour que le vieux maréchal prussien soit souvent affligé d'idées aussi magistrales ! Cela devrait certainement nous amener à Berlin.

Pour reprendre le Chemin des Dames, les Allemands ont repris sur l'Aisne une série de ces attaques répétées en masse qui leur avaient coûté si cher à Verdun en 1916, et qui n'en sont pas moins coûteuses et infructueuses.

LA SITUATION MILITAIRE EN OCTOBRE 1917

Deux grands faits dominent la situation aujourd'hui.

1er. Le grand succès remporté à Verdun en août 1917 par les Français qui reprirent en deux jours les positions qui avaient coûté aux Allemands cinq mois d'assauts incessants et d'énormes pertes en hommes et en matériel. C'est en effet un succès des plus remarquables, si l'on considère que l'état-major allemand, pour défendre un terrain si difficilement conquis, employa tous les moyens connus de la science militaire.

La dernière bataille de Verdun met en évidence la supériorité que l'artillerie française a acquise sur l'artillerie allemande.

2d. Les récentes victoires de l'armée britannique et celles de l'armée française du général Anthoine en Flandre. Les Français et les Britanniques ont fait des progrès continus malgré les conditions météorologiques les plus défavorables : brouillard, pluie et boue profonde. Les lignes de communication des Allemands avec la côte belge sont menacées, et l'occupation de la côte belge par les Alliés mettra fin aux espoirs que l'Allemagne fondait sur sa guerre sous-marine.

Le trait significatif de ces dernières victoires françaises et britanniques est le fait que les armées allemandes se trouvent désormais dans l'impossibilité de réagir à temps – ou, en d'autres termes, d'arrêter un assaut en lançant des contre-attaques rapides.

La difficulté qu'éprouvent les deux princes héritiers à trouver immédiatement et sur le moment des troupes suffisantes pour une attaque énergique, prouve :

1er. Que malgré le retrait de divers contingents du front russe, ils manquent de réserves ;

2d. Que la qualité et le moral de leurs troupes ont décliné, comme en témoigne également le grand nombre et la valeur combative inférieure des prisonniers faits.

Ce sont des signes qui préfigurent non seulement la victoire finale, qui n'est pas douteuse, mais même une fin de la guerre plus rapide qu'on n'aurait pu l'espérer il y a six mois.

Alors que l'entrée prochaine des armées américaines dans les lignes de combat sera d'emblée d'une grande importance pour la situation militaire, la participation des États-Unis à la guerre a déjà produit en Allemagne un effet moral que les autorités allemandes ont vainement tenté de essayant de cacher. Le nombre des adversaires de la puissance militaire augmente chaque jour, et même la brutalité prussienne est impuissante à empêcher la diffusion de l'idée que les dirigeants de l'Empire ont terriblement commis une erreur en retournant le monde entier contre l'Allemagne.

L'Allemagne souffre beaucoup, et ses souffrances ne peuvent qu'augmenter, à cause de l'insuffisance des récoltes en Europe.

Rappelons-nous la prédiction d'un homme qui connaît bien l'Allemagne, l'ancien représentant de l'Alsace au Reichstag, le père Weterlé. « Après sa défaite, disait-il en 1915, l'Allemagne étonnera le monde par sa lâcheté. »

Que sa prédiction se réalise !

* * * * *

Examinons maintenant les principes généraux de l'organisation militaire française, qui s'appuient sur l'expérience chèrement acquise au cours des trois dernières années de guerre.

Les armées américaines seront constituées sur un plan similaire.

———

CHAPITRE I
PRINCIPES DE GUERRE
(Pour 1917)

1. Les règles de stratégie et de tactique n'ont pas été modifiées. Le mode de combat seul est différent.

2. Violation des lois de la guerre. Influence de la science.

3. Unités de combat. L'armée. Le corps d'armée. La division. La commande. Le personnel.

1. La stratégie et les tactiques restent inchangées. *La stratégie* est l'art de diriger de grandes armées sur une grande étendue de pays.

La tactique est l'art de gérer les troupes sur le champ de bataille.

On pourrait être porté à croire que, dans la guerre actuelle et depuis la victoire de la Marne, les règles générales de stratégie et de tactique ont été modifiées. Pas du tout. Les manières de combattre et l'armement seulement ont subi une transformation.

Les lignes opposées se sont enfouies dans des dédales de retranchements. Des deux côtés, on a progressivement recouru à d'anciennes méthodes de guerre et à des armes abandonnées ou oubliées depuis des siècles. Les « Minenwerfers », les canons de tranchée, ne sont rien d'autre que le mortier à l'ancienne mode, bien amélioré. Le jet de feu liquide entraîné par l'air comprimé trouve ses prototypes dans le feu grec de Constantinople et les combustibles jetés à la main - huile bouillante et brai brûlante - du Moyen Âge.

STRATÉGIE. Les règles de la stratégie restent immuables. Elles consistent encore à attaquer l'ennemi sur une de ses ailes ; en tentant de le déborder d'un côté ; en essayant de couper sa ligne en deux par un coup au centre ; à organiser un système de transport permettant de rassembler rapidement les forces nécessaires sur les points à attaquer ou à protéger ; en profitant d'une supériorité due à la possession de lignes intérieures bien organisées. Tels sont les anciens principes de base qui, dans diverses combinaisons, ont été appliqués par les armées en conflit depuis l'aube de la science militaire.

Exemples. Lorsque les Allemands attaquèrent sur le front de l'Yser, leur objectif était double : 1er. Déborder l'aile gauche de l'armée franco-anglo-belge ; 2d. Se frayer un chemin vers Calais et Dunkerque afin d'empêcher l'Angleterre d'utiliser ces ports pour la concentration de ses armées en France.

Après son échec sur le front de l'Yser, l'Allemagne fait jouer sa supériorité dans les lignes intérieures, composées des lignes ferroviaires existantes avant la guerre, complétées par de nouvelles construites au fur et à mesure des besoins des opérations militaires. Grâce à sa position géographique centrale, l'Allemagne est en mesure à tout moment d'envoyer des forces du cœur de son Empire vers les différents fronts ; de la Russie au front français, et *vice versa* . A ces lignes intérieures est due la facilité avec laquelle elle a rapidement concentré d'importantes masses de troupes en tout point souhaité, notamment sur le front roumain à la fin de 1916.

Lorsqu'elle eut fermement consolidé son front occidental, elle rassembla rapidement toutes ses forces disponibles sur le front oriental dans le but d'écraser les Russes.

Lorsqu'en février 1916 les Allemands lancent la gigantesque attaque contre Verdun, c'est dans un double objectif stratégique : 1er. Percer la ligne française entre la droite et le centre et reprendre la marche sur Paris. 2d. En cas de succès partiel, se renforcer par l'occupation de Verdun, en vue d'empêcher les armées françaises d'atteindre la rive droite de la Meuse, tout en gardant leur propre aile gauche et leurs communications avec Metz, devrait les circonstances les obligent toujours à se retirer derrière la Meuse.

Au cours de l'automne 1915, les Français tentèrent de profiter de la faiblesse relative des Allemands due à leur campagne contre la Russie. Une issue favorable les aurait conduits à Vouziers-Rethel et aurait très probablement provoqué le retrait de toutes les lignes allemandes autour de Reims et de Soissons.

Nous pourrions varier ces exemples. Tout récemment, les troupes britanniques ont repris l'attaque prévue en 1915 par les Français en Artois. Ils libéreront progressivement le Nord de la France et la Flandre.

TACTIQUE. Considérons maintenant les opérations tactiques telles qu'elles se déroulent sur le champ de bataille. Les formidables retranchements de campagne construits par les Allemands ont contraint les deux combattants à transformer leur artillerie et à changer l'armement de leur infanterie.

La manière dont les différentes armes sont employées sur le champ de bataille n'a que peu changé.

L'artillerie de campagne s'est énormément développée et il a fallu augmenter constamment la puissance des canons et des obusiers. Nous reviendrons ultérieurement sur ce sujet plus en détail.

La définition de la tactique donnée par le général Pétain, généralissime français, au cours de ses cours à l'École de Guerre, n'a pas été modifiée par la création de ces armes perfectionnées. Il dit : « L'artillerie conquiert les positions, l'infanterie les occupe. »

Prenons pour exemple un exploit militaire tout récent qui établit de manière frappante la distinction entre les opérations stratégiques et les opérations tactiques.

Le 22 octobre dernier (1917), l'armée française au Nord, à l'est de Soissons, a remporté l'un des succès les plus importants de l'année. Cette opération, menée sur un front de neuf milles, était essentiellement tactique. Elle avait pour objet la prise de positions très importantes formant un saillant dans les lignes françaises, qui fournissaient aux Allemands des facilités pour un retour offensif sur Soissons. La prise par les Français de *Vaudesson-Allemant* et du *fort de Malmaison* élimine le saillant, ouvre la route de Laon et expose les lignes allemandes sur l'Ailette à un feu d'enfilade.

Cette opération tactique faisait évidemment partie d'un vaste plan stratégique élaboré par les commandants en chef français et britannique. Le but général de ces opérations vise à contraindre les Allemands à abandonner le nord de la Belgique et à se replier en France. Toutes les opérations tactiques menées en Flandre, dans l'Aisne, en Champagne et en Lorraine, font partie de ce plan unique et visent le même objet.

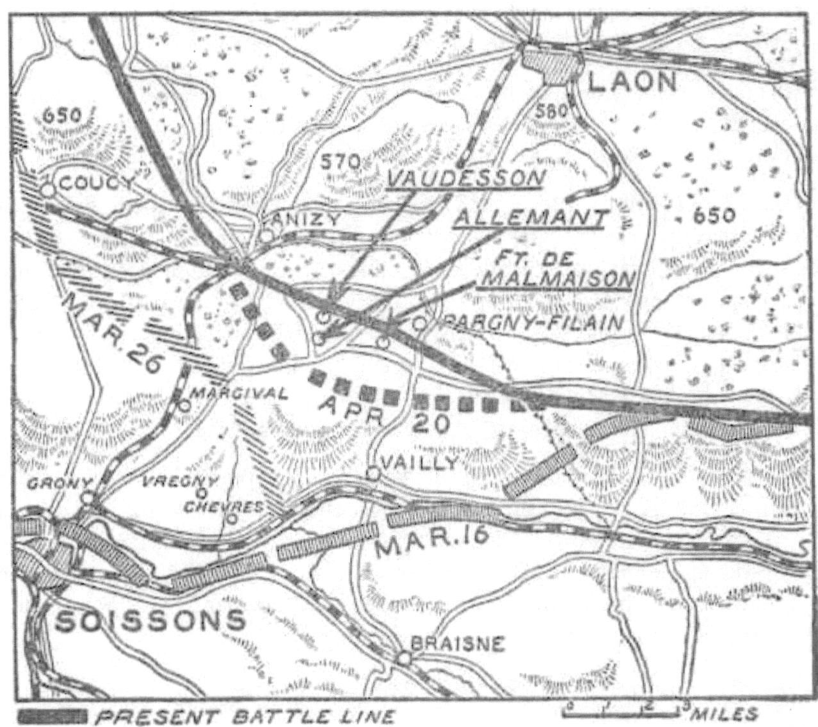

CHAMP DE BATAILLE DE L'OFFENSIVE FRANÇAISE DU 22 OCTOBRE 1917.

La campagne rapide que vient de mener le maréchal von Mackensen contre les Italiens dans les Alpes juliennes, comme celle qu'il mena en 1916 dans la Dobrutcha et en Roumanie, sont la preuve que les anciens principes de guerre, et notamment ceux pratiqués par Napoléon, sont encore pleinement respectés. par les armées allemandes.

2. Violation des lois de la guerre. Influence de la science. Il faut reconnaître que si les Allemands avaient espéré en 1914 une victoire rapide obtenue par quelques coups écrasants, ils avaient aussi, au cours de leurs quarante-quatre années de préparation militaire, prévu la possibilité d'un échec, et s'étaient dotés d'un une puissante artillerie qui leur a permis de tenir le front occidental tout en combattant la Russie.

La France a dû faire de gros efforts pour achever son armement en 1915. L'Allemagne avait déjà accompli une grande partie de ce travail avant le début de la guerre.

Il était réservé à la science allemande, sinon pour rendre la guerre plus sanglante (les armes utilisées en 1914 remplissaient suffisamment ce but), de violer toutes les lois de la guerre édictées par tous les gouvernements, même par le gouvernement allemand lui-même.

La science allemande a donné naissance à des canons gigantesques qu'aucune loi n'interdit (nous en parlerons plus loin), mais la science allemande portera, au jugement de l'Histoire, la responsabilité d'avoir ajouté aux horreurs de la guerre une férocité et une sauvagerie sans précédent en l'introduction de gaz asphyxiants, de gaz lacrymogènes et de liquides brûlants.

Mais on peut ajouter que l'Allemagne, à son tour, souffre déjà beaucoup de ses inventions ; les Alliés ont été contraints d'adopter et d'utiliser des armes similaires et souvent bien améliorées.

3. Unités de combat. Les unités combattantes sont composées d'un nombre variable d'unités tactiques. L'unité tactique est la Division dont la composition sera décrite ci-après. Il comprend l'infanterie, la cavalerie, l'artillerie et le génie. Elle devrait posséder aussi, et nous espérons qu'elle le sera bientôt, un service spécial d'aviation.

Un groupe de deux ou trois et parfois quatre divisions constitue un corps d'armée. L'union de trois, quatre ou cinq corps d'armée forme une armée. Dans cette guerre, deux ou trois armées placées sous un même commandement forment un groupe d'armées. Quatre ou cinq de ces groupes d'armées existent sur le front français. L'organisation générale des armées britanniques diffère peu de celle des armées françaises. Quelle que soit la différence, elle réside plutôt dans l'organisation de l'arrière que dans celle du front. Les Britanniques occupant un front beaucoup plus court disposent d'un nombre d'hommes proportionnellement plus grand. Bien que le gros de leurs forces n'ait été que peu de temps en France, ils ont reçu de leurs ouvrières une aide très intelligente et précieuse et, disposant de crédits d'argent plus importants, ils ont pu faire beaucoup plus que la France pour perfectionner leur système. l'organisation à l'arrière.

Le corps d'armée et la division doivent être organisés de manière à être entièrement et en toutes circonstances autosuffisants. Ils peuvent toutefois s'appuyer sur les forces de réserve que les armées environnantes mettront à leur disposition, selon le travail qui leur sera assigné.

UN APERÇU DE LA COMPOSITION NORMALE D'UNE DIVISION

La véritable unité de combat est la Division. Nous ne l'appelons pas volontairement une division d'infanterie. La Division forme un tout à elle seule. Il est composé de tous les différents bras dans les proportions qui ont été jugées nécessaires à l'efficacité de l'ensemble du corps.

INFANTERIE. Outre son État-Major, qui est la voix du Commandement, une Division comprend normalement deux brigades d'infanterie de deux régiments chacune. Les nécessités de la guerre actuelle ont obligé les belligérants à réduire à trois régiments plusieurs de leurs divisions, et seules les divisions d'élite sélectionnées pour l'attaque ont été maintenues à quatre régiments.

ARTILLERIE. Chaque Division comprend, sous le commandement d'un colonel : 1ère. Un régiment d'artillerie de campagne avec trois groupes, chacun de trois batteries chacun de quatre 75 mm. canon;

2d. Un régiment d'artillerie lourde avec un groupe de 155 mm. canon à tir rapide;

3d. Une batterie de canons de tranchée dont le nombre et la taille varient.

INGÉNIEURS. Une division française comprend un demi-bataillon de sapeurs et de mineurs, ce qui n'est pas suffisant ; deux bataillons au moins devraient y être attachés. La rapidité et la solidité avec lesquelles les retranchements allemands sont construits sont dues au grand nombre de bataillons du génie que possède notre ennemi.

CAVALERIE. Une Division comprend également deux escadrons de cavalerie. Dans les tranchées, ils sont démontés et utilisés comme agents *de liaison* . Leurs fonctions seront examinées à un autre moment.

AVIATEURS. Une division doit posséder son propre corps d'aviation ; des avions de reconnaissance, des avions pour diriger le feu de l'artillerie et les mouvements de l'infanterie, et des avions de combat rapides sans la protection desquels tous les autres engins volants sont exposés à de grands dangers.

On ne saurait trop insister sur la nécessité pour l'armée américaine d'être intransigeante quant à la parfaite organisation de son aviation. Des raisons que nous manquons de place pour discuter ont jusqu'à présent empêché la section française de l'aviation de disposer de l'organisation générale complète qu'elle devrait avoir.

FOURNIR. Tous les services d'approvisionnement en munitions, ainsi que de réparation et de renouvellement du matériel, sont centralisés dans un Parc divisionnaire. Aux approvisionnements en munitions nous consacrerons un chapitre spécial.

L'approvisionnement en provisions est confié dans une Division à un sous-commissaire des magasins. Le Département du Commissariat fait partie du service général de la base militaire et son étude nous mènerait au-delà des limites assignées à cet exposé.

Département médical. Chaque Division possède son propre service médical. Sur ce point également, nous nous abstiendrons d'entrer dans les détails. Remarquons cependant que le service médical est encore susceptible de beaucoup d'améliorations. Malgré des améliorations continues dans son organisation, malgré l'aide généreuse de nos Alliés, des pays neutres, et particulièrement de nos amis américains, les récents engagements ont prouvé :

1er. L'insuffisance des moyens disponibles pour récupérer rapidement les blessés sur le champ de bataille ;

2d. L'insuffisance, à proximité du champ de bataille, de grands hôpitaux de campagne pour les opérations qui ne peuvent être retardées ;

3d. L'absence d'hôpitaux spéciaux juste hors de portée des canons ennemis, où les *grands blessés*, et notamment les blessés abdominaux, peuvent rester aussi longtemps que nécessaire. Il est généralement reconnu que les personnes blessées à l'abdomen nécessitent une aide chirurgicale immédiate et ne peuvent être éloignées sans risque excessif. Ces hommes dangereusement blessés devraient donc bénéficier d'« hôpitaux de repos », où ils peuvent rester jusqu'à ce qu'ils puissent être transportés à la base.

Le transport des blessés devrait faire l'objet d'une étude très approfondie. Les trains pour le transfert des cas graves devraient être encore améliorés, leur vitesse augmentée et leurs rendez-vous organisés de manière à permettre de panser les blessures pendant le voyage. De nombreux cas de gangrène seraient ainsi évités.

Ceci est dit sans préjudice des merveilleuses améliorations qui ont été apportées au cours des trois dernières années. Le service dévoué rendu à la France par son corps de santé militaire ne saurait être trop loué.

Les chirurgiens de l'armée américaine, qui ont bénéficié de la vaste expérience et des merveilleuses compétences du Dr Alexis Carrel au War Demonstration Hospital de New York, seront en mesure de faire plus pour soulager les souffrances et sauver des vies que leurs confrères français les plus compétents ne pourraient le faire. accomplir il y a trois ans.

La commande. Les qualités caractéristiques d'un « Chef » dans la guerre actuelle doivent être :

1er. Une très grande endurance physique pour rendre possible une belle activité. Le général commandant une division doit en effet voir de ses propres yeux chaque détail des positions ennemies. Il doit se familiariser avec la nature du terrain occupé par son adversaire ainsi que la solidité des défenses de ce dernier. De telles inspections le conduisent souvent dans les tranchées, où sa présence entretient le moral de ses hommes mieux que n'importe quelle exhortation écrite à distance.

2d. Le chef doit appréhender la situation d'un seul coup d'œil. Il doit être calme et être un homme de décision rapide. Ce n'est que sur une connaissance approfondie de tous les faits qu'il fondera ses dispositions finales pour le combat. Nous estimons que, surtout dans la guerre actuelle, lorsqu'une décision a été prise ou un ordre donné, il convient toujours de ne les modifier que dans des détails d'exécution qui ne peuvent gêner l'opération dans son ensemble.

3d. Pendant la bataille, le général de division devra établir son poste de commandement en un endroit d'où il pourra, si possible, voir le terrain où ses troupes sont engagées. Il doit en tout cas se trouver là où il peut rester en contact le plus longtemps possible avec les généraux ou colonels de l'infanterie sous son commandement, ainsi qu'avec son artillerie et sa section de renseignement.

4ème. Le chef de toute unité en temps de guerre est responsable de la condition physique et morale de ses troupes. Il gardera leur moral à un niveau élevé s'il se montre aussi strict avec lui-même qu'avec ses subordonnés. En toutes circonstances, il doit les traiter avec justice et bonté, mais se montrer impitoyable envers les mauvais soldats.

Il doit, par de fréquentes inspections personnelles, s'assurer que ses troupes ont de la bonne nourriture, des chaussures et des vêtements, et que leurs armes légères et leur artillerie sont parfaitement entretenues, quel que soit le temps.

Certains commandants de divisions d'infanterie, pendant la guerre actuelle, ont négligé de prendre autant soin de leur artillerie que de leur infanterie. C'est une erreur à éviter. Il n'y a plus de divisions d'infanterie. Nos divisions sont composées de toutes les armes, chacune ayant une utilité particulière, et toutes doivent, sans aucune discrimination, recevoir les soins et la surveillance de leur chef.

LES ÉTATS-MAJORS. Les commandants d'unité ont besoin du concours d'officiers profondément imprégnés de leur pensée, capables de l'exprimer et de la transmettre fidèlement.

Chef d'équipe. Dans chaque unité, nous avons un officier général ou supérieur, appelé « chef d'état-major ». Dans une Division prise comme unité, cet officier est chargé de la direction de tous les services divisionnaires et des services de l'état-major. Il est responsable envers son commandant du parfait fonctionnement de tous ces services, ainsi que de la rédaction et de la prompte transmission de tous ordres.

Si la tâche d'inspecter les troupes (notamment combattantes) incombe au général, le chef d'état-major devrait inspecter plus particulièrement les services et le personnel non combattants, à savoir les services de santé, d'approvisionnement, du trésor et des postes.

Officiers d'état-major. Ce serait une grande erreur de diviser les officiers d'état-major autrement qu'en deux classes bien distinctes :

1er. Les officiers d'état-major proprement dits, qui sont les assistants directs du chef ;

2d. Personnel de bureau, chargé de tous les travaux de bureau, à l'exception de ceux concernant la préparation et la conduite des opérations, ainsi que du rapport y afférent.

Ces derniers n'ont pas besoin de posséder une science militaire. Ils peuvent remplir efficacement leurs fonctions si, en tant que civils, ils ont été formés à la préparation de rapports écrits, et s'ils n'ont pas besoin de posséder l'endurance physique nécessaire aux officiers d'état-major proprement dits.

Pour être efficace, un officier d'état-major doit posséder des connaissances militaires, du jugement, du tact, de la force physique, une grande activité, du courage et de l'abnégation.

En adhérant à la classification ci-dessus, l'armée américaine n'aura aucune difficulté à constituer d'excellents états-majors. En fait, elle n'aura pas à triompher d'une routine que trois années de guerre n'ont pas entièrement éliminée de nos vieilles armées européennes. Trop souvent, nous employons de manière inconsidérée, à des tâches qui ne leur sont pas familières ou qui ne leur conviennent pas, des agents capables de rendre ailleurs des services bien plus importants.

L'officier d'état-major sera efficace s'il exécute les tâches suivantes brièvement énoncées :

L'officier d'état-major doit compléter par un procès-verbal de reconnaissance les inspections préalablement faites par le général lui-même. Il ne devra jamais hésiter à se rendre sur les toutes premières lignes, et il lui sera souvent nécessaire de se rendre sous la protection de patrouilles d'infanterie, et de constater lui-même dans quelle mesure les premières lignes ennemies ont été détruites, combien de dégâts ont été causés. a été fait aux enchevêtrements de fils et aux défenses, etc.

L'officier d'état-major doit être un observateur aérien parfaitement formé. Il dêvra également être compétent pour déceler sur les différentes photographies fournies par les aviateurs le moindre dommage causé aux ouvrages ennemis par les projectiles successifs. Cette tâche, qui doit être accomplie avec la plus grande conscience, requiert une excellente vue.

Nous n'hésitons pas à dire que, dans la guerre actuelle, ce serait une folie criminelle que de lancer une attaque sans être sûr que les barbelés ennemis ont été suffisamment endommagés ; au moins dans une mesure telle qu'elle permettra à l'infanterie de les traverser. Un officier d'état-major ne doit pas, dans ce moment le plus important, se fier implicitement aux informations qui lui sont fournies dans les rapports des premières lignes ou trouvées dans les photographies prises par l'aviation, mais il doit aller voir par lui-même et faire un rapport minutieux à son chef.

Ce sont des missions dangereuses : d'où la nécessité d'avoir des officiers d'état-major en réserve. Il a été prouvé à maintes reprises que des officiers qui n'ont pas été formés à l'Ecole d'Etat Major, mais qui sont des hommes expérimentés et efficaces, deviennent rapidement d'excellents officiers d'état-major suppléants.

Leurs principales missions peuvent être résumées comme suit :

Tenir leur chef informé avant, pendant et après une opération.

Leur travail de bureau devrait se limiter à la rédaction d'ordres et de rapports concernant les opérations. Cela est facile à réaliser lorsque le commandant a une compréhension globale de la situation et donne à son état-major des ordres clairs et concis, qu'il suffit d'exécuter en bonne et due forme.

L'officier d'état-major doit également agir en tant qu'officier du renseignement. Le plus près possible du quartier général du général, un officier d'état-major doit établir un centre de renseignements, où il conservera une force d'hommes et tout l'équipement qui lui permettra de rester en communication constante avec son général, avec l'infanterie, les l'artillerie, les ballons captifs, tous les services de l'aviation, etc. Lorsqu'un aviateur en reconnaissance revient avec un renseignement important, à moins qu'il n'ait pu le communiquer par radio, il atterrit le plus près possible du bureau de renseignement, le remet au l'officier d'état-major responsable rend compte de ce qu'il a vu et s'envole. L'officier d'état-major transmet immédiatement à l'interlocuteur compétent l'information qu'il vient de recevoir, et il est de son devoir, dans tous les cas importants, de s'assurer que son message est bien parvenu à sa destination. Si la communication téléphonique a été interrompue par quelque accident de bataille, il devra dépêcher quelques-unes des estafettes, estafettes ou pigeons voyageurs dont il dispose.

CHAPITRE II
AVIATION

1. Ses débuts militaires. Son importance croissante.

2. Son utilisation et sa portée.

3. Différents types d'avions. Avions de combat. Avions bombardiers. Avions d'observation ou de reconnaissance. Emploi d'avions de reconnaissance pour la direction des tirs d'artillerie et les mouvements de l'infanterie. Aviation pendant une bataille.

4. Hydroplanes.

5. Ballons, Zeppelins.

1. Ses débuts militaires, son importance croissante. Au début de la guerre, l'Allemagne possédait seule un corps militaire volant. Elle était la seule nation à désirer la guerre. Elle était la seule à être préparée, sur ce point comme sur d'autres. Sa clairvoyance a été dûment récompensée.

Bien qu'encore peu nombreux, ses aviateurs se retrouvèrent maîtres des airs. Ils se rendirent très utiles au commandement allemand par des observations qui leur permirent de localiser les principales forces françaises. Ils rendirent aussi de grands services à leur artillerie pendant les combats proprement dits. Un engin allemand, alors qu'il volait maladroitement à quelque 3 000 pieds au-dessus des batteries françaises, envoyait une fusée, et quelques minutes après 150 mm. les obus commenceraient à tomber à l'endroit ainsi indiqué.

Si, à l'époque, les Allemands avaient été aussi experts qu'aujourd'hui dans le pointage de leurs canons, ces bombardements aériens auraient eu des résultats plus efficaces, mais même s'ils l'étaient, ils produisirent invariablement une impression déplorable sur le moral des troupes. des troupes qui se sentaient à la merci d'un tir d'obus que l'artillerie française ne pouvait riposter faute d'obusiers.

L'aviation s'était développée principalement parmi les civils en France. Du jour au lendemain, pour ainsi dire, nos civils sont devenus des aviateurs militaires. Ils firent preuve d'un grand courage et quelques-uns se montrèrent immédiatement remarquables. Leurs machines, bien que rapides, comme on comptait à l'époque, étaient à bien des égards inadéquates pour les besoins de la guerre, mais elles n'en étaient pas moins extrêmement efficaces.

Depuis 1914, tous les belligérants ont, avec plus ou moins de succès, considérablement développé le périmètre de leur aviation.

En France, il y avait trop d'indécision quant aux types à adopter.

La production de machines standardisées se heurte à de sérieuses difficultés. La construction était lente. Les usines manquaient totalement de machines ou n'en étaient pas suffisamment approvisionnées.

Jusqu'à l'automne 1915, l'Allemagne conserva la suprématie aérienne. Dès lors, la situation évolue progressivement en faveur de la France, et depuis l'arrivée d'un important contingent de machines britanniques, les Alliés conservent une supériorité marquée sur le front occidental. Lorsque l'aviation américaine aura ajouté ses forces à celles de la France, la fin de l'aviation allemande sera proche.

Il convient néanmoins de constater que les Allemands, craignant l'avènement des aviateurs américains, font aujourd'hui un puissant effort pour doubler le nombre de leurs avions ; et, aidés par une étude minutieuse des machines alliées tombées dans leurs lignes, ils s'affairent à construire des exemples de plus en plus formidables. Entre-temps, les Alliés améliorent chaque jour les leurs, et les Américains ont eu dernièrement l'occasion de constater que l'Italie, l'une des recrues les plus récentes de l'aviation, a presque atteint la perfection dans la construction aéronautique.

Afin de fournir promptement l'aide escomptée, les États-Unis devraient, au moins au début, adopter des types d'avions soigneusement testés et faciles à contrôler dans les airs ; et devrait construire plusieurs moteurs standardisés.

Après des essais *sur le front français*, certains types devront peut-être être modifiés, mais seulement après que l'aviation américaine se sera assurée qu'elle disposera en tout état de cause d'un nombre suffisant d'appareils en France en attendant l'arrivée des nouveaux modèles.

La construction d'avions a été jusqu'ici et continuera d'être en constante évolution. Une amélioration indispensable est un dispositif de protection du réservoir d'essence qui, sur la plupart des types existants, est trop vulnérable et trop fréquemment incendié. Très souvent, les Allemands visent les chars plutôt que le pilote, car les premiers sont plus faciles à toucher et le résultat est le même.

2. Utilisation et portée de l'aviation. Notre opinion est que pendant la guerre actuelle, aucun succès réel ne peut être obtenu sans l'aide d'aviateurs nombreux et audacieux. Durant les jours qui précèdent une attaque (dans la guerre des tranchées) ou pour cacher les mouvements des troupes (en rase campagne), il est indispensable de maintenir la suprématie aérienne. L'aviation ennemie doit être entièrement aveuglée. Aucune machine ennemie ne doit franchir les lignes. Les ballons captifs doivent être détruits. En bref, l'aviation doit être suffisamment puissante pour empêcher l'ennemi d'avoir connaissance de nos préparatifs, et surtout de connaître le point exact d'où sera lancée l'attaque principale.

Outre le travail qu'elle aura à accomplir sur le front (dont nous parlerons plus loin), l'aviation de bombardement devra, pendant la période de préparation, effectuer de nombreux raids sur les derrières ennemis, lancer des destructions sur les aérodromes et dans le territoire. camps de l'état-major et des réserves, faire sauter les importants dépôts de munitions et de vivres, attaquer les trains, détruire les voies ferrées, notamment aux carrefours, incendier les gares et attaquer tous les détachements et convois sur les routes.

En bref, l'aviation devrait, lors de la préparation d'une attaque, compléter à l'arrière le désordre créé au front par un bombardement prolongé. Si ces desiderata sont respectés par des avions suffisamment nombreux et puissants, l'ennemi se trouvera dans une infériorité évidente au moment de l'attaque.

3. Différents types d'avions. Il existe plusieurs types d'avions :

AVIONS DE COMBAT. L'importance de l'aviation de combat dépasse de loin celle des autres espèces, du fait que quelle que soit leur mission, celles-ci ne peuvent maintenir l'air ni sur le front, ni lors des raids en arrière des lignes ennemies, à moins d'être protégées contre les attaques des avions de combat. l'avion adverse par un nombre suffisant d'avions de combat plus légers, plus rapides et plus faciles à manœuvrer. L'organisation de l'aviation de combat doit donc exiger la considération principale et la plus attentive du commandant en charge de tous les différents services du corps volant.

Les engins de combat doivent être très nombreux, et pilotés par des aviateurs cools et compétents, maîtres de leurs machines et possédant ce que, en France, nos soldats appellent « Cran » ; *je. e.* , Cueillir.

Il existe actuellement une tendance évidente à abandonner les monoplans au profit de petits biplans très maniables volant à 220 kilomètres/heure. Nos « as » de renom, comme le regretté capitaine Guynemer et tant d'autres, ont jusqu'à présent combattu en solitaire, pilotant et tirant en même temps. On revient à l'idée de placer deux hommes sur ces machines de combat.

Certains d'entre eux sont déjà équipés de deux mitrailleuses très légères et extrêmement précises, celle de devant étant fixée de manière à tirer à travers la vis. Ce résultat a été obtenu grâce à l'emploi d'un dispositif si merveilleusement précis que la bille, à sa sortie du canon du fusil, ne heurte jamais les lames de la vis qui roule à plus de mille cinq cents tours par minute.

Pendant longtemps, nos aviateurs français ont opéré séparément, mais les Allemands ayant pris l'habitude de voler en groupe, nos aviateurs, dans la plupart des cas, volent désormais en escadrilles pour pouvoir s'entraider.

Les aviateurs des avions de combat volent à grande hauteur, se cachant derrière les nuages, et, lorsqu'ils aperçoivent un engin ennemi au-dessous d'eux, ils se jettent dessus à toute vitesse et tentent, tout en se tenant au-dessus, de l'abattre.

Lorsqu'ils sont attaqués, ils tentent de se relever et de prendre l'avantage de leur position. Leur tactique, en bref, consiste à se mettre le plus possible hors de portée de l'ennemi et à atteindre une position qui lui permette de l'atteindre.

Certains de ces combats durent dix, voire quinze minutes.

Lorsque le temps permet les vols, il devrait toujours y avoir plusieurs avions de combat dans les airs pour protéger les autres types d'avions.

Il faut poser en règle, et nous répétons ici l'opinion exprimée par des aviateurs célèbres, que toute attaque, soit par un seul appareil, soit par une escadrille, doit toujours être exécutée avec la plus grande vigueur. Les Allemands semblent en effet avoir reçu l'ordre de s'envoler chaque fois qu'ils se sentent inférieurs.

Une fonction importante des avions de bataille est d'escorter et de protéger les escadrons de reconnaissance ou de raid lors de leurs opérations, de manière à permettre à ces derniers de remplir leur mission sans avoir à se prémunir contre une éventuelle attaque de l'ennemi.

Au cours de ces expéditions, l'avion de combat est aux autres avions ce que les destroyers sont aux navires qu'ils convoient. Pour qu'ils puissent assurer une protection efficace aux navires, les destroyers doivent être très rapides et maniables ; de même, les avions qui les poursuivent doivent nécessairement être plus rapides et plus maniables que ceux qu'ils sont chargés de protéger.

Avions de bombardement. Le nombre d'engins composant une escadrille de bombardement est variable. Plusieurs escadrilles partent souvent ensemble pour accomplir une mission, formant une armée aérienne. Les engins ainsi détaillés doivent pouvoir emporter une lourde charge de munitions, ainsi qu'une provision d'essence suffisante pour leur permettre de rester longtemps dans les airs.

Pour se rendre compte des progrès réalisés dans la construction de telles machines, il suffit de rappeler que, le 15 octobre dernier, un avion italien transportant un poids important en plus de son approvisionnement en essence, a parcouru la distance de Turin jusqu'aux côtes anglaises en dix heures.

Les Italiens ont actuellement à Washington un engin transportant douze personnes. Toutes les puissances construisent de gros avions destinés à rendre les bombardements de plus en plus meurtriers.

Au début, les bombes ordinaires étaient larguées depuis les avions, mais elles sont désormais équipées de bombes spéciales remplies des explosifs les plus puissants connus (torpilles ailées), ainsi que de projectiles incendiaires et asphyxiants. Des dispositifs spéciaux ont été construits pour augmenter la précision de la visée lors du largage de bombes.

Ces avions de bombardement sont armés de canons à tir rapide, mais sont moins maniables et moins maniables que les avions de combat, dont ils ont donc besoin de protection.

Nous sommes convaincus que nos amis américains développeront à l'extrême leur aviation de bombardement et entraîneront un grand nombre de leurs aviateurs aux vols de longue distance, de nuit ou de jour. De très nombreuses installations militaires parmi les plus importantes de l'Allemagne occidentale sont à la portée de nos attaques. Jusqu'à présent, l'insuffisance de notre matériel a été la seule raison de l'échec de notre aviation à tenter la destruction de ses usines à Essen, Cologne, Manheim, Metz, etc. Certaines expéditions ont prouvé que tous ces endroits sont à la portée de tous. d'assez bonnes machines pilotées par des aviateurs bien entraînés.

Que deviendraient les usines d'Essen le jour où 1 200 ou 1 500 avions les attaqueraient par groupes de 30 ou 40, se succédant à dix minutes d'intervalle ; les uns bombardant les usines avec des torpilles de grande puissance, d'autres avec des bombes incendiaires, d'autres avec des projectiles suffocants, démoralisant complètement les ouvriers et semant la terreur parmi eux ?

Il y aurait certes des pertes, car les Allemands ont entouré leurs usines de nombreux canons anti-aériens, mais la destruction plus ou moins complète des usines d'Essen serait-elle trop chèrement achetée par la perte d'un certain nombre de machines ? En outre, nous ne pensons pas qu'un raid contre leurs grandes usines, s'il était bien préparé et bien mené, serait très coûteux.

L'utilisation de l'aviation pour détruire les usines de munitions ennemies hâtera, à notre avis, considérablement la fin de la guerre et épargnera un grand nombre de vies.

Si la guerre dure, l'aviation à longue distance devra être employée très largement pendant l'été pour incendier sans discernement les récoltes dans le pays ennemi, et même dans le territoire qu'il occupe en tant qu'envahisseur, car il n'y a aucune raison de ménager les sections envahies tant que les indigènes ne sont pas autorisés à avoir leur part des récoltes. Il faudra d'ailleurs inventer des dispositifs pour faciliter ce travail de destruction.

Il est matériellement impossible de donner aux bombardiers une vitesse égale à celle des avions de combat. Une grande importance doit cependant être accordée au choix des moteurs et à l'obtention de la plus grande vitesse possible.

Toutes ces machines possèdent deux hélices et certaines sont munies de trois moteurs.

Les premiers bombardements furent entrepris dès les premiers mois de la guerre. Dès le début, les Allemands ont compris que les avions pouvaient aller loin et porter des coups dangereux. Paris fut bombardé dès septembre 1914. Avec le temps, et à mesure que les machines se perfectionnèrent, les bombardements devinrent plus désastreux. Au cours de la première moitié de l'année 1915, les aviateurs britanniques larguèrent des bombes sur Friedrichshaven, la station Zeppelin du lac de Constance ; Les aviateurs français ont attaqué Stuttgart et Carlsruhe ; et depuis le début de 1917, les Allemands multiplient les raids sur Londres et sur les côtes anglaises.

Nous pensons que les bombardements aériens, à des fins purement militaires, prendront une importance toujours croissante dans la guerre.

AVIONS D'OBSERVATION OU DE RECONNAISSANCE. Sur le front français, les anciens types d'appareils de reconnaissance sont remplacés le plus rapidement possible. Ils étaient trop lents et difficiles à contrôler en cas d'attaque.

Les services rendus par les avions de reconnaissance sont de la plus haute importance. Leurs observations fournissent au commandement des informations précises sur tout ce qui se passe à l'intérieur des lignes ennemies ; l'état de sa façade ; les mouvements des troupes sur ses derrières ; permettant ainsi au chef de prévoir ses intentions et de déjouer ses plans.

En plus des rapports sur ce qu'ils observent lors de leurs vols, les pilotes obtiennent des photographies aériennes. Ce complément très important de nos armées modernes a été considérablement amélioré.

Les photos prises à une altitude de 2 500 et 3 000 mètres (8 000 à 10 000 pieds) reproduisent si fidèlement la configuration du terrain avec chaque objet qui s'y trouve, que des agents qualifiés sont capables d'y observer les moindres changements qui y ont été apportés. Avec cet objet en vue, ils comparent entre elles plusieurs photos du même lieu prises à des dates différentes.

Nous incluons dans notre volume quelques photographies aériennes des lignes allemandes dans le secteur de l'Aisne prises fin décembre 1916, en janvier 1917 et en avril et mai 1917. La première montre simplement les travaux de l'ennemi avant le bombardement français. Les photos prises en avril sur le même terrain donnent une excellente idée de l'effet progressif de l'artillerie française, et les dernières photographies, prises lors des attaques des 5 et 6 mai, montrent le résultat final des terribles tirs d'obus. Pour comparer les changements opérés de temps en temps, il est nécessaire d'utiliser une loupe, et de noter successivement chaque observation sur une carte à grande échelle appelée « carte directrice ». Cette méthode minutieuse et minutieuse permettra seule à l'état-major de se faire une idée de l'effet de l'artillerie et de la démolition progressive des ouvrages et des tranchées de l'ennemi. Nous verrons plus loin que les observations rapportées par l'aviation de reconnaissance influencent dans une large mesure les dispositions prises pour l'attaque.

Les Britanniques attachent, à juste titre, une telle importance à un enregistrement strictement précis des effets de leurs tirs, qu'ils ne se contentent pas des cartes habituelles, mais construisent pour leurs principaux états-majors des cartes en relief à grande échelle comprenant à la fois les leurs et celles de leurs tirs. Lignes, ouvrages et batteries allemands, comme le leur révèlent des photographies prises depuis des avions et des ballons captifs. Les officiers de l'état-major sont spécialement chargés du devoir de constater sur ce plan-relief tous les dégâts et destructions au fur et à mesure qu'ils sont signalés. Lorsque l'ordre d'attaque est donné, les chefs britanniques, sachant autant qu'il est possible quels ouvrages ils trouveront détruits et quels points offriront une résistance plus ou moins opiniâtre, prennent leurs dispositions en conséquence.

Aucune attaque n'est possible si le Commandement n'est pas informé quotidiennement par la section photographique. Même après un bombardement continu, il est plus prudent de différer une attaque si, au cours des jours précédents, le temps a été si mauvais qu'il a empêché l'utilisation des caméras aériennes.

Utilisation d'avions de reconnaissance pour diriger les tirs d'artillerie. Des escadrilles spéciales et suffisamment nombreuses doivent être réservées à l'usage exclusif de l'artillerie, et plus particulièrement à celui de l'artillerie lourde afin de leur fournir la portée adéquate.

Parfois, les ballons captifs peuvent aider l'artillerie lourde à cet égard, les artilleurs les préférant aux avions ; mais ces ballons ne sont pas toujours assez nombreux et ne voient pas toujours assez loin.

L'avion directeur informe les batteries auxquelles il est affecté de l'effet de leurs tirs d'obus au moyen d'une télégraphie sans fil, qui présente l'avantage de ne pas être interrompue par le bruit effroyable du bombardement, alors que la communication téléphonique avec un ballon captif est impossible. sans utiliser de « masques auditifs » spéciaux.

Différents types de fusées peuvent également être utilisés pour indiquer la portée dans certaines circonstances.

UTILISATION D'AVIONS DE RECONNAISSANCE POUR DIRIGER LES MOUVEMENTS DE L'INFANTERIE. Les escadrilles d'une Division sont dotées de dispositifs permettant de guider les mouvements de l'infanterie.

Leurs missions sont multiples. À tout moment, ils survolent les premières lignes pour surveiller l'ennemi et avertir de tout mouvement inhabituel.

Lors d'un assaut, leur tâche principale est d'assurer l'indispensable unité d'action entre l'infanterie et l'artillerie de campagne. Comme nous l'expliquerons plus loin, chaque attaque lancée par l'infanterie est masquée par un formidable barrage de tirs qui avance d'une centaine de mètres devant la première vague. Pour qu'un tel barrage puisse continuer à être correctement efficace, il doit progresser à la même vitesse que l'infanterie.

À cette fin, les avions de reconnaissance sont équipés d'une fusée spéciale qui signale « Augmentez la portée ». Chaque fusée envoyait des appels pour une augmentation de cent mètres de la portée.

Pendant le combat, les fonctions de l'aviateur en tant que chien de garde de l'infanterie ne cessent pas. Il doit observer les moindres mouvements de l'ennemi et il est généralement capable d'avertir ses commandants de la préparation des contre-attaques, de leur direction et de leur force.

Les services rendus par l'aviation directrice à l'artillerie et à l'infanterie sont évidemment d'une importance capitale. Sa mission, si elle est correctement exécutée, est extrêmement dure et laborieuse, d'où la nécessité, à l'avenir, d'augmenter autant que possible le nombre et l'efficacité de ces escadrilles. Pour qu'ils puissent opérer avec succès, ils doivent être étroitement protégés par de puissants avions de combat, à moins que ces derniers n'aient déjà débarrassé la région des machines ennemies et leur ont laissé la maîtrise des airs.

L'AVIATION PENDANT LES BATAILLES. Depuis la bataille de la Somme, l'aviation britannique et française prend, de jour en jour, une part de plus en plus directe aux combats proprement dits. Les Allemands, dont les avions n'étaient à l'origine employés qu'à des fins de reconnaissance, ne tardèrent pas à les imiter.

Lors de toutes les récentes offensives franco-britanniques, on a vu des engins de tous types voler jusqu'à cent cinquante mètres au-dessus du terrain ennemi, ratissant les lignes de réserve à coups de mitrailleuses, abattant les artilleurs des batteries exposées, surprenant des renforts en marche ou arrivant dans des trains de troupes, et semant le désordre partout.

En Artois, un train en marche attaqué par trois machines britanniques a été détruit, causant de lourdes pertes pour son fret bondé d'infanterie.

C'est un plaisir pour un Français de rendre aux aviateurs britanniques l'hommage bien mérité par leur valeur et leur entreprise. Sportifs qu'ils sont, les Anglais ont dès l'origine pris l'aviation comme un sport et s'y sont donnés corps et âme. Les résultats qu'ils ont obtenus sont merveilleux. Ils auraient peut-être accompli des exploits tout aussi brillants avec des pertes moindres ; néanmoins on ne peut qu'admirer le grand courage de leurs jeunes gens qui, méprisant la mort, ont déployé toutes leurs énergies pour réussir.

Le bref résumé qui précède sur l'utilisation de l'aviation dans la guerre actuelle justifie ce que nous avons écrit au début, à savoir que le camp qui possède la suprématie incontestée dans les airs, le camp qui a supprimé l'aviation de l'adversaire, sera très proche. la victoire finale.

Mais pour parvenir rapidement et en toute sécurité à ce résultat, les Américains devraient, dans l'organisation de leur corps volant, consentir, au moins dans un premier temps, à sacrifier leur orgueil d'inventeur.

Il leur faudra absolument commencer le combat aérien avec uniquement des avions déjà testés avec succès au front dans les différentes branches du service aérien. Peu importe les types qu'ils choisissent parmi les meilleurs actuellement utilisés par les Français, les Britanniques, les Italiens et même les Allemands ; le point important est l'obtention de résultats rapides et sûrs, et ceux-ci ne peuvent être obtenus qu'avec des avions qui ont fait leurs preuves dans la guerre réelle.

Autrement, les Américains s'exposeraient, au départ, à la perte inutile de nombreux avions, et au sacrifice de nombreuses vies précieuses. Ils retarderaient de plusieurs mois la mise au point d'une arme qui devrait donner des résultats rapides et décisifs sur le front occidental, et causeraient ainsi une déception aussi grande aux armées américaines qu'aux armées alliées.

L'adoption d'une telle politique n'empêcherait cependant pas les ingénieurs américains d'améliorer progressivement leur avion d'origine. Au cours des trois dernières années, les avions ont été continuellement modifiés et améliorés. On peut s'attendre à des progrès encore plus considérables dans l'avenir, et dans ce domaine un vaste champ reste ouvert au génie américain.

4. Hydroplanes. Il convient de mentionner brièvement les hydravions, ou hydravions, qui, bien qu'habituellement équipés seulement des pontons qui leur permettent d'atterrir sur l'eau, sont également préparés pour un atterrissage sur la terre ferme par l'ajout de roues. La plupart des attaques britanniques contre les aérodromes, campements et lignes fortifiées allemands sur ou à proximité de la côte belge ont été menées à partir d'hydravions. Ces machines se sont révélées très utiles pour patrouiller la côte contre les sous-marins. Les aviateurs peuvent voir les sous-marins à une certaine profondeur sous l'eau et, les poursuivant, ils les attaquent en lâchant des bombes spéciales qui, comme celles utilisées par les destroyers lorsqu'ils survolent un sous-marin, sont construites de manière à exploser à une certaine profondeur par pression de l'eau même s'ils n'atteignent pas leur cible. La force de l'explosion est suffisante dans un rayon de plusieurs mètres pour disloquer les plaques du sous-marin.

5. Ballons : Zeppelins. Au début de la guerre, les Allemands avaient une nette supériorité en matière de ballons dirigeables. Ils avaient alors déjà achevé leur type particulier de ballon dirigeable rigide, le Zeppelin, qu'ils ont depuis amélioré et multiplié dans toute la mesure de leurs capacités. Ce n'est qu'en mer qu'ils les ont utilisés à des fins strictement militaires, observant très avantageusement par leur moyen la flotte et les flottilles britanniques. Dans les combats sur le front occidental, ils n'ont utilisé leurs Zeppelins qu'une seule fois, au cours de leur tentative sur Verdun, lorsqu'on essayait de détruire la voie ferrée Paris- Verdun. Deux jours avant l'attaque, ils envoyèrent quelques grands dirigeables pour cette mission, mais l'un fut abattu et l'autre chassé avant qu'ils puissent accomplir leur mission.

Toutes les autres expéditions de Zeppelin sur le front occidental ont été menées non pas contre des combattants mais contre des villes. S'ils ont fait de nombreuses victimes parmi la population civile des pays alliés, un grand nombre d'entre eux ont été abattus.

La France a utilisé pour des expéditions lointaines quelques dirigeables non rigides et en a perdu plusieurs.

L'Angleterre, pour la protection de la mer d'Irlande et de la Manche, utilise de petits dirigeables très rapides, très maniables et formant une excellente patrouille sous-marine, mais comme unités de combat, ils ne valent rien et sont obligés de fuir les avions ennemis.

CHAPITRE III
ORGANISATION DES TRANCHÉES

1. Remarques générales.

2. Plan général d'un système de retranchement. Tranchées. Première et deuxième lignes. Tranchées d'attaque. Artillerie. Fils.

3. Mines et contre-mines.

4. Troupes ferroviaires spéciales. Transport par routes.

5. Remarques générales sur le transport.

6. Camoufler.

1. Remarques générales. Lorsque son rêve d'une guerre courte qui devait réaliser tous ses objectifs de conquête se dissipa, l'Allemagne recourut à une politique d'occupation dans l'espoir soit de maintenir son emprise sur le territoire qu'elle avait conquis, soit de l'utiliser éventuellement comme un atout. dans les négociations pour la paix. A la fin de 1914, elle occupait la quasi-totalité de sept départements français, dont trois ou quatre comptent parmi les districts agricoles et industriels les plus riches de France.

Pour parvenir à ses fins, l'Allemagne retrancha ses armées sur le front le plus proche qu'elle eut le temps d'occuper, une des nombreuses lignes défensives qu'elle avait choisies depuis longtemps. Ses espions, en temps de paix, lui avaient fourni une connaissance précise de toutes les positions importantes.

Ainsi, lorsque les armées allemandes de première ligne furent battues sur la Marne et se replièrent en désordre, elles trouvèrent, à trois ou quatre journées de marche, au-delà de Soissons, sur la frontière de Lorraine, une ligne continue de retranchements. déjà organisée par les troupes de deuxième ligne alors qu'elles effectuaient leur retraite forcée.

Les armées françaises poursuivantes n'avaient pas, en septembre 1914, les moyens matériels d'attaquer les retranchements ennemis. Ils venaient de livrer une série de batailles qui avaient considérablement diminué leurs forces effectives. Leurs régiments durent être à nouveau dotés d'officiers. Ils n'avaient d'autre choix que de se retrancher, sur des positions aussi peu désavantageuses que possible, face à l'ennemi. Ainsi, tout le long d'une ligne s'étendant de la mer du Nord, à Nieuport, jusqu'à la frontière de la Suisse, commença le formidable conflit qui fait toujours rage.

La distance entre les deux fronts hostiles varie de 30 ou 40 mètres à 1 200 ou 1 500 mètres au maximum.

Après de grandes attaques préparées par de longs bombardements, les premières lignes cessent d'exister et, très souvent, les deux fronts hostiles se confondent . Les petits avant-postes les plus avancés n'ont d'autre abri que celui des cratères d'obus, et c'est au moyen de grenades lancées d'un cratère à l'autre, et avec tous les terrassements qu'on peut improviser avec les outils du bord, que les tentatives de rectification des fronts se font. fait.

Les deux partis disposent, la plupart du temps, de trois lignes de défense organisées successives, et parfois davantage.

Il est à noter cependant que si les Allemands ont adhéré au principe des trois lignes dans les secteurs où ils se croient peu menacés, sur les fronts où ils sont fortement pressés par les armées alliées, ils ont organisé, comme leur les lignes avancées s'affaiblissaient ou étaient forcées, une série de positions très fortes, les unes derrière les autres. Il est impossible de préciser le nombre de ces lignes. D'après les rapports des aviateurs, plusieurs systèmes complets de défense existent entre les positions qu'ils défendent actuellement et la Meuse.

Il est intéressant de remarquer que la multiplication de l'artillerie de gros calibre a entraîné des changements de la part des deux belligérants dans la construction d'abris et de retranchements.

Au cours de l'hiver 1914-1915, aucun bombardement sérieux n'a eu lieu avant avril. Les deux camps s'organisèrent sur leurs positions, creusant des abris peu profonds, renforcés par des poutres en bois et recouverts de deux ou trois couches de rondins, sur lesquels la terre était plus ou moins épaisse. De tels abris résistaient assez bien à 150 mm. coquilles.

Mais, en 1917, lors des opérations d'Artois et de Champagne, l'adoption de plus gros calibres et l'emploi de torpilles tirées par des machines de tranchées obligent les belligérants à s'enfouir plus profondément, là où le sol le permet, et à construire davantage de bâtiments. des abris solides. Lorsque l'eau gênait les excavations profondes, les abris étaient recouverts de traverses de chemin de fer en fer très résistantes en forme de T, ou de plusieurs couches de rails en acier ; mais ceux-ci se révélèrent insuffisants et les Allemands furent les premiers à construire ces pare-bombes en béton armé que les Britanniques rencontrèrent pour la première fois sur la Somme. Les blocs de béton sont très grands et les barres d'armature en acier extrêmement résistantes. De tels ouvrages gênent et retardent certainement les opérations de l'ennemi, surtout lorsqu'ils sont largement employés, mais les événements ont prouvé qu'avec le temps, ils peuvent toujours être détruits par le feu des canons. Les Français n'ont construit des ouvrages semblables qu'en des points d'importance capitale. Ils préfèrent les vieux abris en bois, bien renforcés de terre.

Ailles et son approche occidentale

10 février 1917 — 14H30

Dans toutes les localités habitées de leurs lignes et dans les points de force naturelle, les Allemands ont organisé des centres de résistance indépendants. Ils ont transformé des villages entiers en forteresses. Il suffit de citer le labyrinthe de Carency-Thiepval, Beaumont-Hamel, les tunnels de Cornillet, de la Cote 304, du Mort-Homme, etc.

Dans chacun de ces endroits, un nombre surprenant de constructions en béton et de galeries souterraines superposées ont été découvertes. L'ennemi y avait rassemblé des troupes de réserve, des vivres et des munitions. De tels abris offraient sans aucun doute aux Allemands une grande protection et, pour les détruire, il fallait recourir à des méthodes de plus en plus puissantes.

Un officier du 81e Régiment d'infanterie qui captura Mort-Homme écrit ainsi : « ... et sur la colline où campe le 81e Régiment, quelle accumulation d'agences défensives ! Fils, tunnels, tranchées, observatoires, abris de toutes sortes, postes de mitrailleuses, canons légers, rien ne manque. A ces moyens de défense ordinaires s'étaient ajoutés d'autres extraordinaires, constitués de trois réseaux souterrains immenses et très profonds (82 marches descendaient jusqu'à l'un et la longueur d'un autre dépassait le kilomètre) munis de ventilateurs, de chemins de fer à voie étroite de Decauville, d'électricité . , des postes de commandement et de secours, des chambres pour les hommes et des magasins de nourriture, d'armes, de munitions et de matériel. Toutes ces fortifications extraordinaires n'ont pu résister à l'assaut impétueux de nos troupes, qui avait été précédé d'un bombardement de six jours si intense que toute la première ligne était enveloppée dans un épais nuage de fumée d'environ deux cents mètres de haut, et le sol tremblait tout. le temps."

En fait, aucun abri absolument imprenable n'a encore été conçu, et l'histoire des fortifications n'est qu'une répétition de l'histoire de l'armement naval défensif. Plus les plaques des dreadnoughts sont épaisses, plus les canons sont puissants et ce sont les canons qui ont le dernier mot.

Il n'est d'ailleurs nullement démontré que les retranchements allemands, qui ont coûté des sommes énormes et un travail humain que les Alliés n'auraient pu fournir, aient réduit dans une certaine mesure les pertes de l'ennemi. Au contraire, il apparaît que la protection temporaire qu'offrent de tels ouvrages est plus que compensée par les grandes pertes en hommes et en matériel qui résultent de leur destruction définitive.

Les rapports officiels qui nous parviennent, juste avant d'être mis sous presse, de la victoire française du 23 au 25 octobre 1917, sur l'Aisne, prouvent que, dans le saillant capturé (que les Allemands avaient jugé d'importance capitale), ils avait accumulé des moyens de défense plus considérables et plus puissants qu'en aucun point conquis jusqu'ici.

Dans les points habités, ils avaient transformé toutes les caves des maisons en pare-bombes. Ils avaient creusé des tunnels de communication, dont certains mesuraient un kilomètre de long. Partout, ils avaient construit de formidables abris en béton reliés par des passages couverts percés de meurtrières pour les mitrailleuses, et avaient même monté de lourdes pièces d'artillerie en première ligne. L'ensemble de la position était considéré comme si imprenable qu'ils avaient stocké dans ses espaces souterrains une très grande quantité de provisions d'hiver. La topographie de la région était particulièrement favorable à la construction d'ouvrages défensifs et un certain nombre de grottes naturelles avaient été mises à profit.

En quelques jours, une puissante artillerie avait permis à une infanterie héroïque (combattant sous les yeux du général américain Pershing) de vaincre la résistance d'un ennemi défendant son terrain avec une force d'environ neuf divisions. Cette opération justifie une fois de plus notre affirmation selon laquelle il est impossible de construire des ouvrages absolument imprenables au tir des canons.

Pour donner une idée du moral des Français, on ne peut mieux que citer un passage d'une lettre, écrite au Front le 6 octobre, que nous venons de recevoir d'un jeune officier d'artillerie. « Regardez les communiqués qui seront publiés vers le 20 octobre. Nous préparons pour les Boches un chant et une danse qu'ils n'oublieront pas.

2. Plan général d'un système de retranchement. La description que nous donnons ci-après de l'organisation des lignes est bien entendu, comme le schéma suivant, purement explicatif et illustratif.

Au sud-est d'Ailles

10 février 1917 — 14H30

Il est destiné à exposer les principes régissant la construction de tranchées et à donner une idée générale d'un système de fortifications de campagne. Un tel système est soumis aux exigences de la topographie locale et il est donc impossible d'indiquer des mesures et des distances exactes pour les grandes lignes du plan.

Ainsi on ne pourrait formuler aucune loi pour fixer la distance qui doit séparer les différentes lignes d'une position retranchée ; et même en ce qui concerne la largeur de l'intervalle entre deux tranchées d'une même ligne, on ne peut guère être plus précis ; car, si essentiel qu'il soit en théorie de le rendre suffisamment large pour éviter qu'un seul obus ne cause des dommages aux deux tranchées, en pratique la configuration du terrain ne permet pas toujours une telle précaution.

Le tracé des tranchées revêt une très grande importance. Ils doivent être construits de telle manière qu'ils ne soient pas exposés au feu en enfilade des canons ennemis, et qu'ils soient assez forts pour opposer la plus grande résistance à l'attaque.

Les lignes trop longues et trop droites sont généralement évitées. L'usage habituel est de reproduire le plan d'un bastion, avec une alternance de saillants et de rentrants, disposition qui permet le tir de flanc à travers le front de la tranchée (Fig. 1).

Les rentrants sont souvent fortifiés en plus de manière à les rendre insurmontables aux assauts, de sorte que les défenseurs n'ont besoin d'occuper que les saillants. Les tranchées avancées exposées à d'intenses bombardements peuvent ainsi être défendues avec un nombre d'hommes réduit.

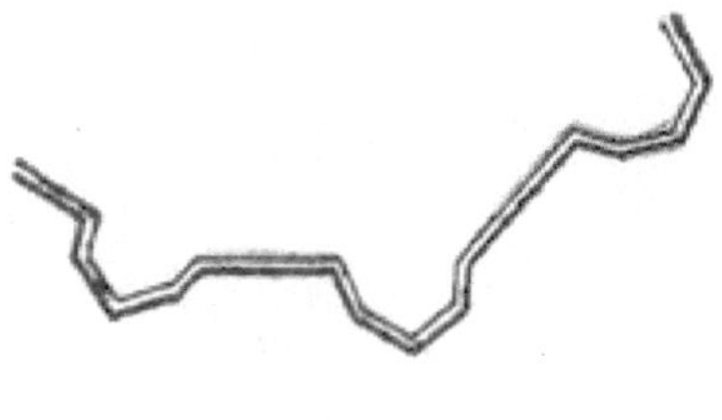

FIG. 1

L'intérieur des tranchées est pourvu à intervalles rapprochés de *pare-éclats* , ou écrans d'obus, constitués de contreforts de terre soutenus par *des clayonnages* , ou acacias, destinés à limiter autant que possible le rayon d'action d'un éclatement. coque sur une seule section de tranchée (Fig. 2).

Les tranchées sont de différentes dimensions ; néanmoins, lorsque le temps n'est pas limité pour leur construction, la figure 3 peut être considérée comme représentant le type le plus généralement adopté. La terre projetée devant, meuble ou remplie de sacs de sable, forme le parapet.

Comme l'action des intempéries, notamment la pluie, a tendance à effondrer les parois des tranchées, il faut les soutenir avec des étais en bois ou avec des grillages soutenus à trois ou quatre mètres d'intervalle par des poteaux en bois ou en fer.

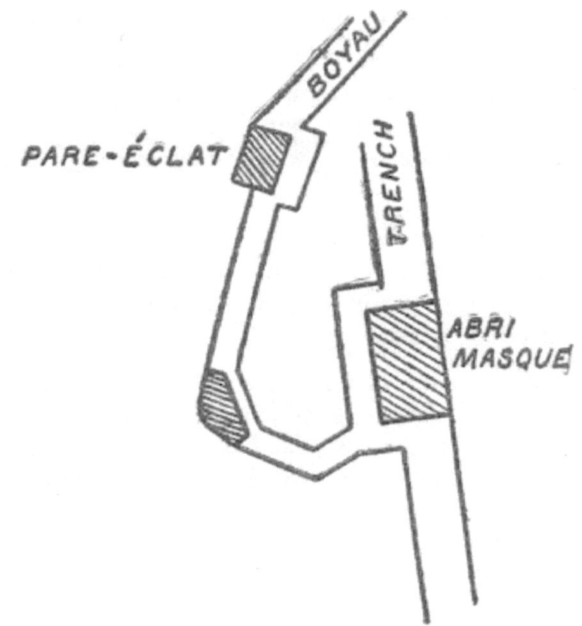

FIGURE 2

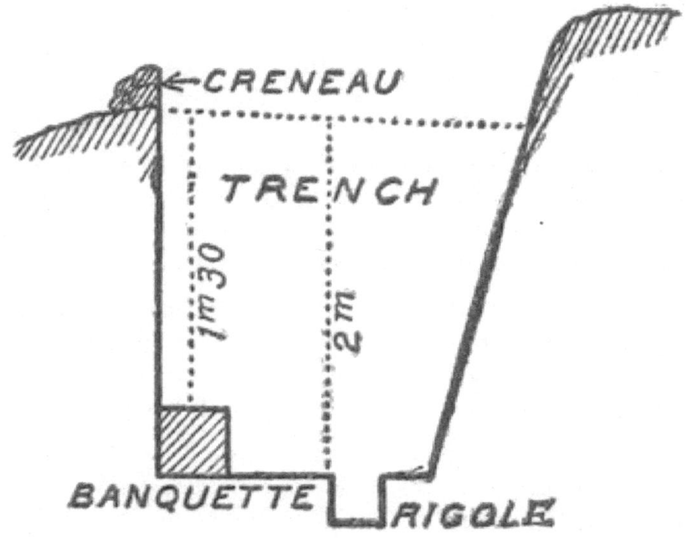

FIGURE 3

Dans les régions très humides, de petits drains (*rigoles*) et des puisards doivent être creusés pour évacuer l'eau, et les tranchées elles-mêmes doivent être dotées d'un sol ouvert en forme de « promenade ». Lorsqu'ils ne sont pas pressés par le temps et la rareté du matériel, surtout en hiver, tous les moyens possibles doivent être adoptés pour empêcher les hommes de rester trop longtemps dans l'eau. L'humidité, plus que le froid, est responsable des membres gelés.

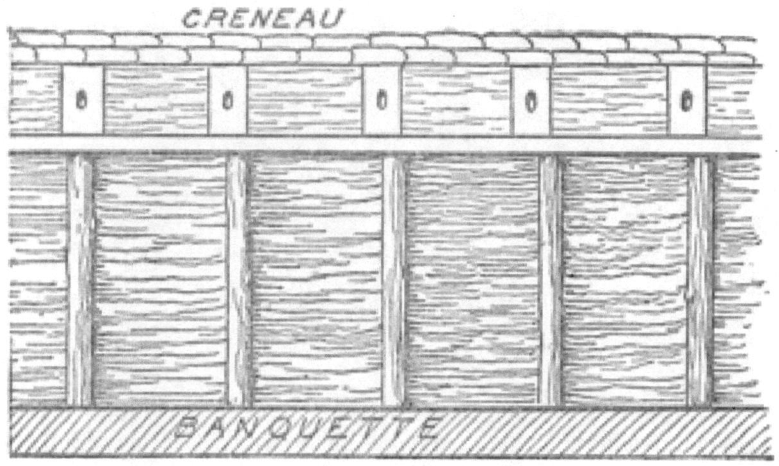

FIGURE 4

Dans les parapets des tranchées censées durer un certain temps, des meurtrières sont pratiquées en insérant des pièces de tôle d'acier avec des ouvertures pour permettre le passage d'un canon de fusil. Chaque ouverture se ferme par une petite porte qui reste fermée sauf lorsque la meurtrière est utilisée (Fig. 4).

Au sud-est de la Ferme de La Bovelle

10 février 1917 — 14H30

Lorsque ni le temps ni le matériel ne manquent, les abris mitrailleuses (fig. 5) dans les tranchées sont installés à l'intérieur de coupoles en acier, fixes ou tournantes. Le mécanisme de ce dernier est cependant compliqué, et trop délicat pour être utilisé dans les premières lignes. Ces coupoles sont également très utilisées comme postes d'observation et, comme nous le verrons plus tard, elles sont tenues autant que possible cachées à la vue de l'ennemi par un camouflage.

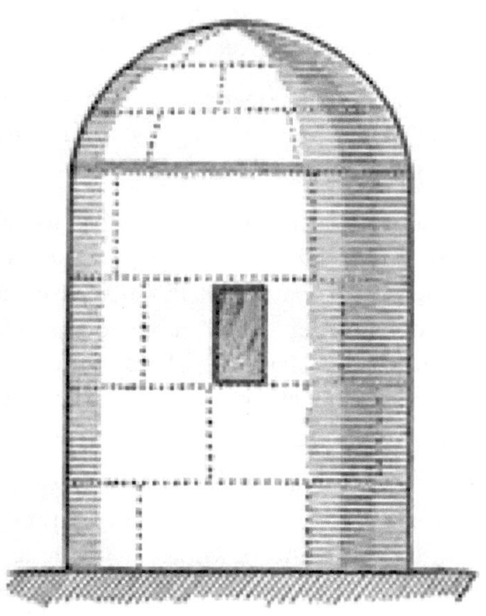

FIGURE 5

La première ligne comprend trois positions ou tranchées. La tranchée la plus proche de l'ennemi est la tranchée avancée, et à une courte distance derrière elle se trouvent les tranchées de soutien. Seuls quelques hommes sont désormais postés comme sentinelles dans les tranchées avancées. Devant ces tranchées, des postes « d'écoute » ou de « surveillance » sont cachés dans le sol. Entre ces postes et les tranchées avancées, des enchevêtrements de barbelés sont tendus, en nombre et en largeur proportionnés aux dangers qui menacent la position.

Dans les tranchées d'appui se trouvent les pirogues abritant les hommes contre les tirs de l'artillerie. De nombreuses tranchées de communication ou *boyaux* les relient aux tranchées avancées, facilitant l'occupation rapide de ces dernières en cas de besoin. Dans les tranchées avancées sont construits des abris pour les mitrailleuses. Les tirs des fusils sont dirigés à travers des meurtrières protégées par les plaques d'acier mentionnées ci-dessus (fig. 4) et pare-balles à cinquante mètres.

A quelque distance en arrière des tranchées de soutien et surplombant celles-ci, le système de première ligne est renforcé par une ligne de « centres de résistance », ponctuée de blockhaus protégés par d'épais enchevêtrements de fils de fer. Des mitrailleuses bien abritées, dont un certain nombre balaient les voies de communication menant au front, composent leur armement principal. Cette ligne de blockhaus est reliée par de nombreuses voies de communication aux tranchées qui la précèdent.

Ces centres de résistance sont destinés à freiner l'avancée de l'ennemi, lorsqu'il parvient à pénétrer dans les trois lignes antérieures, et à donner aux réserves le temps de contre-attaquer.

Entre les blockhaus et le système de deuxième ligne est fréquemment organisée une ligne fortifiée qu'on appelle « ligne de protection de l'artillerie ». Ceci est destiné à repousser l'avancée de l'infanterie ennemie, si elle prend possession du système de première ligne, avant d'atteindre les batteries de campagne, ou à la retarder suffisamment longtemps pour permettre aux batteries de reculer. Cette ligne est tenue par les troupes du secteur qui n'appartiennent pas au contingent combattant.

La distance entre le système de tranchées de première ligne et le système de deuxième ligne varie en fonction de la configuration du terrain. Ces secondes lignes doivent, autant que possible, négliger les premières lignes, afin de les retenir sous leur feu. Les mêmes règles prévalent pour l'emplacement des troisièmes lignes. Dans les secteurs qui semblent particulièrement intéresser l'ennemi, des « positions de contrôle » très fortes sont préparées à l'arrière.

Les troupes occupant les deuxième et troisième lignes doivent être protégées autant que possible contre les bombardements. C'est donc dans ces tranchées ou tout près d'elles qu'il convient de construire des abris capables de résister à des tirs nourris d'artillerie.

Nous disons « à l'intérieur ou à proximité » à bon escient, car il est important de cacher le plus possible les abris à l'ennemi, et, pour ce faire, il n'y a aucun inconvénient à les construire un peu en arrière des lignes de tranchées, si nécessaire. le résultat souhaité peut ainsi être obtenu. Souvent, il sera nécessaire de procéder ainsi simplement dans le but d'obtenir un terrain plus favorable sur lequel ériger l'abri.

Le point principal à souligner est que ces abris devraient être reliés au moyen de voies de communication permettant un passage rapide des abris aux lignes de tranchées.

Dans les trois lignes, lorsque le terrain s'y prête, des postes d'observation sont localisés, mais si bien qu'ils soient dissimulés, l'ennemi ne tarde pas à les découvrir, et dans la première ligne c'est généralement à l'aide de différentes sortes de périscopes qu'on les découvre. les observations sont faites.

LIGNES DE COMMUNICATION. Toutes les tranchées sont reliées par des tranchées de communication ou *boyaux* , qui cachent à l'ennemi les mouvements des troupes. Ce ne sont que des fossés d'environ deux mètres de profondeur, d'où la terre est projetée à gauche et à droite, ou d'un côté seulement. Ils suivent une ligne en zigzag pour ne pas être exposés aux tirs d'enfilade ou, lorsqu'ils sont droits, sont protégés de temps en temps par des écrans de terre (*pare-éclats*).

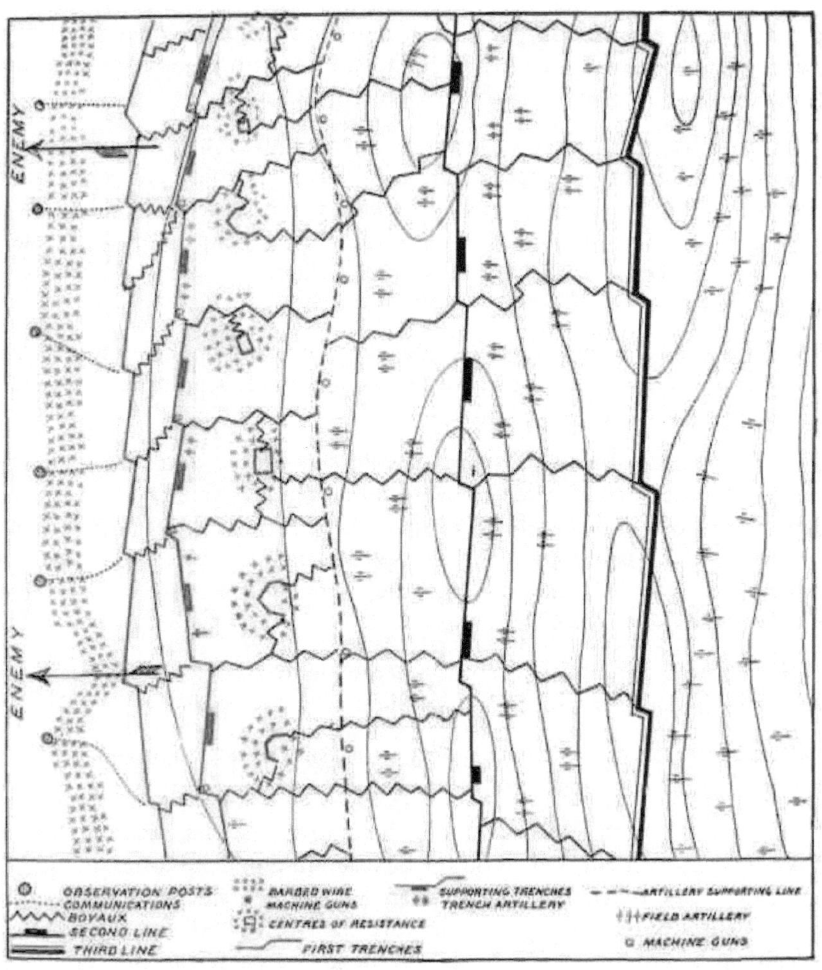

Schéma des retranchements de campagne.

La profondeur ou la largeur de ces « fossés » dépend de l'usage qui en sera fait. Par exemple, ceux destinés à transporter les blessés doivent être profonds et larges.

Pour éviter toute obstruction lors de l'attaque et pour permettre un passage libre et rapide aux réserves venant de l'arrière, les tranchées de communication doivent être très nombreuses. Certains doivent être désignés pour le mouvement vers l'avant et d'autres pour le mouvement vers l'arrière. Chacun doit porter un nom ou un numéro et à ses extrémités des flèches doivent indiquer le sens de la circulation. Ainsi, toute confusion sera évitée.

TRANCHÉES D'ATTAQUE. Lorsque les lignes adverses sont suffisamment éloignées les unes des autres, il est impossible de lancer une attaque sans avoir amené l'infanterie à portée de frappe.

A cet effet, un nombre suffisant de *boyaux* sont creusés en direction de l'ennemi, partant des tranchées avancées, passant sous les enchevêtrements de barbelés, et se reliant entre eux par une tranchée transversale lorsqu'ils se trouvent à la distance requise. C'est la « tranchée d'attaque » et, le moment venu, des aménagements y sont faits pour faciliter la sortie des troupes au moment de l'assaut.

Ce travail est effectué de nuit et de préférence, lorsque cela est possible, par des troupes qui ne participeront pas à l'attaque. Les hommes procèdent à ce travail sous abri et en patrouille.

ARTILLERIE. L'artillerie, selon sa taille, est placée entre les lignes ou derrière elles. Les batteries de campagne sont poussées vers l'avant jusqu'à la « ligne de protection de l'artillerie » et placées en position pour bombarder, à tout moment, certaines parties désignées du front ennemi. Ils sont soit enfouis dans le sol, soit abrités sous des casemates, lorsque ces dernières peuvent être dissimulées à l'ennemi.

Les canons de tranchée sont généralement, en raison de leur faible portée, placés dans les tranchées d'appui de première ligne.

L'artillerie lourde, la plus en arrière de toutes, est rangée en échelons selon son effectif et la part assignée à chaque partie.

ENCHEVÊTREMENTS DE FILS. La largeur des enchevêtrements de fils varie considérablement. Un fil de fer bien tendu empêche toute attaque, et aucune ne peut être tentée tant que les enchevêtrements ne sont pas détruits. Devant leurs nouvelles lignes sur l'Aisne, où les Allemands tiennent simplement le terrain et ont renoncé à toute idée d'avance, ils ont tendu huit ou neuf rangées successives de fil de fer, chaque rangée mesurant cinquante mètres de large.

Partout où l'on envisage uniquement la défense, la protection des câbles est essentielle, mais il convient de garder à l'esprit qu'un trop grand nombre d'enchevêtrements peut s'avérer gênant au moment d'une attaque. Nous avons vu que dans de tels cas, la difficulté est résolue en creusant des tranchées de communication sous les câbles.

3. Mines et contre-mines. Depuis que les deux partis se sont retranchés, on a beaucoup utilisé les mines et les contre-mines, surtout en 1915 et une partie de 1916.

Le but de la mine est de jeter l'ennemi dans un état de consternation et de désordre soudain, tout en détruisant une tranchée avancée ou un ouvrage. Les Français considéraient la mine comme une arme avec laquelle il serait possible de remédier en certains points aux défauts de leur ligne.

Ils ont causé de lourdes pertes aux deux parties, mais ne sont plus autant utilisés aujourd'hui pour la très bonne raison que, là où les fronts n'ont subi aucun changement depuis 1914, le sol a été tellement perturbé qu'il serait absolument impossible de faire les fouilles nécessaires. . Rappelons simplement qu'en juin 1917, les Britanniques, avant leur attaque sur Messines, avaient fait exploser vingt mines contenant chacune vingt-trois mille kilogrammes d'explosif, et comme les Allemands n'étaient pas au courant de leur construction, l'effet de la Les explosions furent terribles, produisant d'immenses cratères de soixante-dix mètres de profondeur et plusieurs centaines de mètres de circonférence.

Les mines sont creusées à la main ou avec des perceuses électriques. Ces derniers ont l'inconvénient de faire trop de bruit. Des systèmes de « postes d'écoute » considérablement améliorés permettent de détecter et de combattre les opérations ennemies, et dans tous les cas, sauf à Messines, où les Britanniques ont creusé leurs galeries à plus de cinquante mètres sous terre, le creusement des mines s'est déroulé avec de grandes difficultés.

Le meilleur moyen de neutraliser le danger d'une mine dont la construction est découverte est de l'atteindre le plus rapidement possible en creusant une « contre-mine » et de la faire exploser avant que l'ennemi ait une chance de la déclencher. Le succès d'une telle contre-mine est appelé un *camouflage* infligé à l'ennemi.

A notre avis, les mines et contre-mines joueront un rôle de moins en moins important dans la guerre actuelle, mais il faudra néanmoins que nos armées soient dotées des moyens de les faire fonctionner chaque fois que le Commandement le jugera opportun.

4. Troupes spéciales des chemins de fer. — Transports par routes. Depuis le début de la guerre, la France manque de corps techniques spéciaux, notamment pour les chemins de fer. Son système d'avant-guerre était insuffisant pour faire face au développement rapide des opérations militaires et à la réorganisation rendue nécessaire par la guerre de tranchées sur un front étendu.

Une grande partie des employés des chemins de fer fut d'abord mobilisée pour assister et renforcer les troupes ferroviaires. Puis, au bout de quelques mois, un grand nombre de ces hommes durent être renvoyés à leurs anciennes fonctions civiles, afin d'assurer la vie économique du pays.

Alors que le transport des troupes nécessite à lui seul une extension quotidienne de nos réseaux routiers et ferroviaires et une attention constante aux travaux de réparation dans les zones de combat, les efforts industriels de la nation pour équiper et armer les millions de combattants nécessitent également une énorme activité ferroviaire. Comme le manque d'ouvriers empêche la réparation des locomotives et des wagons, et que l'approvisionnement en matériel roulant expédié d'Amérique n'est pas suffisant, c'est tout ce que les Français peuvent faire pour maintenir leurs voies ferrées en bon état.

Il convient de noter qu'en raison de l'utilisation intense et forcée de ses lignes intérieures, dont nous avons déjà parlé, les chemins de fer allemands sont dans un état encore pire que ceux de la France. Faute d'huile et de graisse, une grande partie de leur matériel roulant ne peut être utilisée.

Pour combler le déficit de troupes techniques, la France a dû recourir à ses « unités territoriales », composées d'hommes inaptes au front et généralement âgés de plus de quarante-cinq ans, qui, épuisés par trois années de guerre, ne peuvent faire beaucoup de travail.

Ce bref résumé des conditions régnant sur l'arrière du front français permettra aux Américains de comprendre la nécessité d'organiser à une très large échelle un corps spécial de transport ferroviaire. Sans gêner la circulation sur les principales routes des États-Unis, il devrait être possible de créer des régiments ferroviaires dirigés par des ingénieurs civils, avec des unités distinctes pour la construction des voies, la conduite des trains et la réparation du matériel roulant.

Les régiments du génie devraient également pouvoir construire rapidement des casernes de campagne de toutes sortes dans les zones dévastées et abandonnées par les Allemands.

Ils devraient en outre être chargés de la construction des bâtiments d'hôpitaux et d'ambulances, ainsi que de leur démontage et de leur reconstruction chaque fois que de nouveaux terrains sont arrachés à l'ennemi.

TRANSPORT PAR ROUTE. Sauf au voisinage immédiat des lignes, où les chevaux sont encore utilisés par les régiments pour le transport entre les camps et cantonnements et les bases de ravitaillement, tous les transports d'hommes et de matériel, qui ne se font pas par chemin de fer, se font par automobile. voitures, en nombre croissant chaque jour.

Non seulement le nombre de voies ferrées de l'arrière vers l'avant a été augmenté, mais également les lignes de communication parallèles au front. Mais leur capacité étant insuffisante pour déplacer rapidement de grosses unités d'une partie du front à une autre, les automobiles devraient être disponibles en nombre suffisant pour le transport rapide de tout un corps d'armée.

Il devrait y avoir un service permanent d'automobiles entre les lignes de front et l'arrière, pour assumer la tâche de conduire les troupes fraîches vers la ligne et les troupes épuisées vers les terrains de camping. Ils peuvent également être utilisés, et avec une grande efficacité, lorsque les circonstances du front exigent l'avancée rapide des réserves des différentes bases.

Nous verrons plus tard comment les automobiles sont utilisées pour le ravitaillement en vivres ou en munitions. Beaucoup plus de voitures sont nécessaires pour les hôpitaux, les ambulances et le transport des blessés.

La consommation d'essence, malgré la répression des abus qui ont longtemps prévalu sur le front anglo-français, reste considérable. La France s'en approvisionne exclusivement par les Etats-Unis et le Mexique.

5. Remarques générales sur le transport. La question des approvisionnements de toutes sortes sera une des difficultés liées à l'organisation des armées américaines sur le sol français. Les États-Unis n'auront pas seulement à transporter des troupes d'un continent à l'autre, mais encore à expédier tout ce qui est nécessaire à la subsistance de leurs armées, à leur entretien, à leur armement, à leur artillerie, etc., comme s'ils étaient attendus. atterrir dans un pays désertique où le strict nécessaire pour vivre ferait défaut.

Le gouvernement américain et le général en chef ont été conscients dès le début des difficultés qui les attendaient et, immédiatement après le débarquement des premières troupes, des travaux très importants furent commencés pour l'amélioration des ports de débarquement français et pour le duplication des chemins de fer français, partout où cela est nécessaire. Ces travaux sont activement menés sous la direction d'ingénieurs américains.

6. Camoufler. Tout ce qui concerne l'équipement et l'emploi des troupes doit être caché, autant que possible, à la vue des aviateurs ennemis, et les différents dispositifs utilisés à cet effet sont appelés « Camouflage ».

L'artillerie, les parcs de transport, les dépôts de munitions, les camps, les voies de communication, etc., sont masqués de diverses manières, sur le principe général de faire en sorte que l'objet à dissimuler se confonde avec la teinte du sol ou du feuillage, ou se fonde dans le paysage et éviter le regard. Les revêtements de broussailles ou de paille représentent les formes de camouflage les plus simples, et les ossatures supportant de la verdure artificielle ou des toiles peintes les plus ambitieuses. Les objets irrégulièrement maculés de peinture de différentes couleurs sont pratiquement invisibles à une certaine distance – procédé emprunté à la « coloration protectrice » du règne animal.

Des batteries de canons factices sont souvent utilisées dans ce contexte, comme dans les guerres précédentes, pour tromper l'ennemi.

Il est très important de disposer de bons points d'observation à l'intérieur des premières lignes, d'où les défenses ennemies peuvent être explorées avec de puissantes jumelles. Pour répondre à ce besoin, des arbres artificiels, des roches, etc., ont été fournis lorsque la nature ne pouvait pas les fournir.

Le camouflage de l'armée française a été confié à un corps spécial d'artistes professionnels, qui s'est révélé d'une grande utilité, car il faut que le travail accompli trompe non seulement l'œil humain, mais la plaque sensible de l'appareil photo.

CHAPITRE IV
COMPOSITION ET UTILISATION DE L'ARTILLERIE

1. Vue rétrospective. Considérations générales.

2. Différentes sortes d'artillerie : Artillerie d'une armée ; Artillerie d'un corps d'armée ; Artillerie d'une division; Artillerie de tranchée « Tanks », ou artillerie d'assaut.

3. Mission et utilisation de l'artillerie lors d'une bataille.

4. Artillerie anti-aérienne.

5. Avance ou retrait des batteries.

6. Conclusion.

1. Vue rétrospective. *Considérations générales.* Dans l'armée française, bien avant la guerre, plusieurs hommes lucides et informés avaient prévu la nécessité de disposer d'une artillerie de campagne importante et lourde, semblable à celle de l'Allemagne.

Pour rappeler la devise du général Pétain : « L'artillerie conquiert les positions, l'infanterie les occupe », ce simple axiomatique force évidemment à conclure qu'une armée doit posséder une artillerie capable de bombarder efficacement toutes sortes de fortifications.

Malheureusement, peu de personnes, au sein du gouvernement ou dans les sphères parlementaires, ont pu être amenées à envisager la possibilité d'une guerre ; aussi cette question de l'artillerie lourde, bien que continuellement agitée dans ces milieux, restait entière.

En 1914, l'immense majorité de la nation française, comprenant non seulement les hommes politiques mais aussi un grand nombre d'officiers de l'armée, se moquait de l'éventualité d'une guerre avec l'Allemagne. L'imbroglio marocain, la guerre dans les Balkans et la politique de conquête autrichienne ne constituaient pas pour eux un avertissement suffisant. Que la préparation militaire de la France ait été tout à fait insuffisante et que cela soit dû uniquement à la léthargie de l'esprit national, c'est un fait généralement admis aujourd'hui. Durant la première année de la guerre, non seulement nous fûmes désespérément surclassés en artillerie lourde, mais à Lille, Maubeuge et La Fère, les Allemands capturèrent un bon nombre de nos canons lourds avec leurs munitions et les retournèrent contre nous. Heureusement, nous pouvons affirmer qu'ils les ont utilisés avec très peu d'avantages pour eux-mêmes.

Seuls quelques régiments d'artillerie lourde existaient avant la guerre. Leur armement comprenait quelques canons de 155 mm à tir rapide. Les canons Rimailho, qui, bien que rapides à actionner, avaient une portée trop courte. D'autres batteries étaient armées de 120 et 155 mm. canons de siège; bons types, mais trop petit en calibre et trop lent à action. De plus, tous ces canons furent mis à la disposition des armées qui, au début du conflit, les considéraient comme un stock de réserve et les gardaient trop loin des champs de bataille d'août et septembre 1914.

L'impossibilité de donner suite à la victoire de la Marne ouvrit peu à peu les yeux du gouvernement sur la nécessité d'une artillerie lourde et très nombreuse, mais cette nécessité ne fut franchement admise qu'à l'automne 1915, et alors largement sous l'influence de l'exemple donné par nos alliés britanniques. Ils avaient compris beaucoup plus vite qu'aucune victoire ne serait possible sans la suprématie de l'artillerie et, avec leur froide détermination habituelle, ils avaient consacré toutes les ressources dont ils disposaient à la fabrication de toutes sortes de canons et de montagnes de munitions.

La France a suivi l'exemple.

Les progrès réalisés nous ont permis d'abord de tenir tête à l'artillerie allemande, puis de l'égaler et enfin de la dépasser.

Compte tenu des moyens limités laissés à la France par l'invasion, compte tenu de la saisie par l'ennemi de ses gisements de fer lorrains et de ses plus riches mines de charbon, il faut reconnaître que l'effort accompli de 1915 à 1917 fut gigantesque.

2. Différentes sortes d'artillerie. Nous diviserons l'artillerie en trois parties : l'artillerie d'une armée, d'un corps d'armée et d'une division.

ARTILLERIE D'UNE ARMÉE. Cela inclut l'artillerie lourde de toutes tailles. L'unité de l'armée possède à elle seule des canons d'un calibre supérieur à 155 mm. La composition de l'artillerie lourde dans une armée varie considérablement, le nombre de types différents de canons attribués à une arme dépendant des circonstances et du travail qu'elle est censée accomplir. En fonction des besoins locaux, le généralissime ordonne donc le transfert de l'artillerie lourde d'un groupe d'armées à un autre. De même, le chef d'un groupe d'armées peut, comme bon lui semble, ordonner de tels transferts d'armes au sein de son commandement.

On trouve dans les armées des obusiers et mortiers des tailles suivantes : 220, 270, 280, 305, 370, 400 mm. (en pouces : 8, 10, 11, 12, 14½ et 15¾). Bientôt nous aurons 520 mm. pistolets (20½ pouces). Il existe également des canons de campagne de 120 et 155 mm. court et 155 mm. longs (5 et 6 pouces) et canons navals de 19, 100, 240, 274, 305 et 340 mm.

L'artillerie d'une armée est sous le commandement d'un général.

Les batteries de campagne de 120 à 155 mm. sont composés de quatre pièces ; batteries d'obusiers et batteries navales de 100 et 190 mm. sont presque toujours constitués de deux pièces. Les plus gros mortiers et les canons navals les plus lourds montés sur des wagons de chemin de fer fonctionnent seuls, et chaque canon est accompagné de plusieurs camions transportant son matériel et ses munitions.

Artillerie d'un corps d'armée. L'artillerie d'un corps d'armée est sous le commandement d'un colonel. Il comprend deux groupes de 75 mm. canons de campagne, deux groupes de 105 (4 pouces), ou de 120 (5 pouces), et un groupe de 155 (6 pouces), à tir rapide. Cette artillerie est renforcée, en cas de besoin, par l'artillerie lourde dont l'armée peut disposer. Le colonel commandant l'artillerie assume le commandement de toutes les batteries, quelle que soit leur importance, momentanément mises à la disposition de son corps d'armée. Il est chargé tout particulièrement du choix du terrain sur lequel placer les batteries, et c'est lui qui doit préciser la part que chacune d'elles prendra dans l'action. Les batteries divisionnaires du corps d'armée sont également sous son commandement, du moins pendant la préparation des attaques. Il est absolument indispensable que chaque batterie soit assignée à son objectif et qu'il lui soit formellement interdit de disperser ses projectiles en toute promiscuité. Ainsi, un gaspillage coûteux est évité et un objectif précis est atteint.

Alors qu'ils se préparaient pour leur première grande attaque dans le secteur de la Somme, les Britanniques, au cours d'une préparation d'artillerie de plusieurs jours qui dépassait en intensité toutes celles connues auparavant, tirèrent un grand nombre de projectiles. Au moment de l'assaut, l'infanterie britannique fit preuve d'un courage indomptable et s'empara de plusieurs positions importantes, mais, faute d'une bonne concentration du feu de son artillerie sur les points à détruire, ses lourdes pertes en hommes furent trop importantes. un lourd tribut à payer pour les gains qu'ils ont réalisés. L'artillerie britannique a depuis modifié ses méthodes et, aidée par un service d'aviation sans égal, elle a, sur tout son front, impressionné les Allemands par la puissance et la précision de ses canons.

Artillerie d'une division. Actuellement, l'artillerie divisionnaire comprend trois groupes de 75 mm. (chaque groupe composé de trois batteries de quatre canons), un groupe de trois batteries de quatre canons de 155 mm à tir rapide et une batterie de canons de tranchée dont le nombre et la dimension sont variables. Cette artillerie est sous le commandement d'un colonel.

Nous parlerons plus loin de la difficulté éprouvée à faire avancer les canons lourds à travers le pays dévasté par les Allemands en mars 1917. Le 75 mm. l'artillerie de campagne, seule, était capable d'avancer assez rapidement. Canons de 105 mm. il aurait dû pouvoir suivre les troupes partout et leur porter secours jusqu'à l'arrivée des pièces les plus lourdes.

En position, et lors des opérations actives, l'artillerie d'une division est renforcée par l'artillerie du corps d'armée et celle de l'armée.

La plus longue portée des canons de campagne est de 8 500 mètres.

La portée des obusiers varie entre 10 000 et 14 000 mètres.

Les armes lourdes ont une portée bien plus grande. Les 380 que nous allons produire prochainement enverront un obus contenant 150 kilogrammes d'explosif à une distance de 38 kilomètres.

ARTILLERIE DE TRANCHÉE. Cette artillerie comprend des mortiers spéciaux, tirant à angle élevé des projectiles contenant de puissants explosifs ; leur plus longue portée ne dépasse pas deux milles. Ils sont principalement utilisés pour la destruction des enchevêtrements de câbles, des tranchées de première ligne et des abris-réservoirs. Leur taille varie de 58 à 340 mm.

Les projectiles sont munis de pales qui maintiennent leur direction dans l'air, car les canons qui les tirent ne sont pas rayés. Ce sont en réalité des torpilles aériennes et sont extrêmement destructrices pour les tranchées et les défenses de toutes sortes.

Les armées disposent d'une importante réserve de canons de tranchée répartis le long du Front selon les circonstances. Ces batteries sont généralement placées dans les tranchées d'appui de première ligne.

Des mortiers de petite taille actionnés par air comprimé sont désormais également utilisés. Leur portée est limitée, mais sur de courtes distances, ce sont des armes très fiables et puissantes.

En raison des grandes difficultés qu'ils ont éprouvées pour faire monter l'artillerie lourde dans les montagnes, les Italiens ont adopté des mortiers de tranchée qui tirent de très gros projectiles à une distance considérable, et ils ont réussi à construire quelques exemplaires qui projettent de lourdes torpilles à trois ou quatre kilomètres.

« TANKS » (ARTILLERIE D'ASSAUT). Les chars ont été utilisés pour la première fois par les Britanniques, à qui ils ont rendu de très précieux services. Non seulement ils ont été d'une grande aide à leur infanterie, mais ils ont également produit un effet très déprimant sur le moral de l'ennemi.

Leur poids un peu trop important faisait que beaucoup d'entre eux se retrouvaient coincés dans le terrain boueux et défavorable sur lequel ils devaient opérer. Nous pensons que le modèle original n'a pas été abandonné, mais que des modèles plus légers ont récemment été construits.

Les Français utilisèrent pour la première fois des chars lors de leur attaque sur l'Aisne le 15 avril 1917. Leurs machines n'étaient alors pas absolument parfaites et, peut-être à cause d'une tactique défectueuse, leur succès ne fut pas à la hauteur de leurs attentes, mais, lors de l'attaque du 5 mai, ils furent mieux gérés et se révélèrent précieux dans l'action. Les chars français ont depuis été améliorés et remplissent désormais pleinement leur fonction.

Il est important de noter que les Allemands, qui pendant longtemps n'ont pas favorisé l'adoption de chars, sans doute parce que la conduite de ces monstres exige de leurs équipages des qualités pas toujours trouvées chez les Boches, en ont récemment construit. Bien sûr, ils sont de proportions « Kolossal ». Nous ne savons pas encore exactement quels résultats ils ont obtenus.

Des rapports tout récents révèlent que lors de l'attaque du 28 octobre, au nord-est de Soissons, les Français ont utilisé des chars beaucoup plus légers que ceux employés d'abord. L'expérience du printemps dernier a permis de les manier d'une manière beaucoup plus efficace, et les premiers rapports montrent que ces engins, en détruisant de nombreux abris de mitrailleuses qui avaient échappé au feu de l'artillerie, ont grandement facilité la marche en avant des troupes. .

Il nous semble que la bonne tactique des chars ne devrait pas être d'avancer en avance sur les vagues d'infanterie et ainsi, sans que cela leur profite, gêner le tir de barrage de leur propre artillerie, mais plutôt de suivre légèrement en arrière des premières vagues afin de compléter la destruction des nombreux nids de mitrailleuses allemandes que l'artillerie n'a pas toujours réussi à faire taire, à renverser les obstacles et à aplatir les barbelés incomplètement détruits.

En bref, la mission des chars devrait être de soutenir l'infanterie et de lui ouvrir la voie à sa progression.

3. Mission et utilisation de l'artillerie dans le combat. La mission de l'artillerie de campagne dans la préparation d'une offensive consiste à démolir les tranchées de première ligne, les passages de communication et les enchevêtrements de barbelés, et à localiser et faire taire les mitrailleuses à travers les meurtrières de leurs abris.

Si l'artillerie de campagne n'est pas dirigée avec le plus grand soin, elle risque d'exposer son infanterie à de lourdes pertes, non seulement regrettables en elles-mêmes, mais affectant considérablement le moral des troupes.

Pour la même raison que le 75 mm. Le canon est une arme d'une grande précision, sa précision est perturbée par des causes très légères, telles que les perturbations atmosphériques, ainsi que la qualité et l'état des différentes poudres. Les officiers commandant les batteries, dès leur arrivée dans de nouvelles régions, préparent des tables de tir basées sur les conditions locales d'atmosphère et de température, pour guider le tir aux différentes heures de la journée. Ils corrigent également les erreurs résultant des différentes qualités propulsives des différentes poudres. En règle générale, tous les projectiles appartenant à un même lot donnent des résultats similaires.

Dès qu'elle est en position, l'artillerie de campagne calcule la distance qui la sépare des différents points sur lesquels elle peut être amenée à tirer. Il accède à toutes les demandes de l'infanterie, lorsqu'elle est informée des mouvements dangereux de l'ennemi ; exécuter des barrages rapides sur les objectifs signalés. Par des barrages, à une centaine de mètres de l'avancée, il protège les vagues d'infanterie qui l'assaillent. Il augmente la portée proportionnellement à l'avancée. Les groupes de 105 mm. peut être avantageusement utilisé afin de renforcer l'action du 75 mm. artillerie de campagne.

Depuis, il a été possible d'augmenter la proportion de 155 mm. Canons à tir rapide, des batteries de ce calibre ont souvent été amenées à renforcer les barrages entretenus par les 75 mm. des armes à feu. Dans les opérations récentes sur le front anglo-français, cette combinaison a souvent été utilisée à grande échelle, et avec des effets désastreux chaque fois que le feu était ouvert à temps sur des troupes rassemblées en vue de contre-attaquer.

L'artillerie lourde a un double rôle à jouer. C'est une artillerie de destruction et une artillerie de contre-feu ; il exécute également des tirs neutralisants. Il est guidé par les informations fournies par les avions de reconnaissance et les ballons captifs.

Des tirs destructeurs sont exécutés contre des abris importants, des blockhaus, des abris pour mitrailleuses et tout ce qui se trouve sur le front ennemi qui peut freiner l'avancée de l'infanterie.

Des contre-tirs , guidés par les mêmes agences, sont exécutés afin de mettre hors de combat les batteries ennemies. Il est certain, en effet, que celui des deux adversaires qui réussira à faire taire l'artillerie adverse pourra plus facilement rassembler ses forces, et, au moment de lancer une attaque ou de résister à une contre-attaque, la tâche de l'infanterie sera rendu plus facile à réaliser.

Au moment de la préparation des attaques, les tirs des différentes artilleries se poursuivent pendant sept, voire huit jours, avec une intensité constante, voire (si nécessaire) croissante.

Le tir de neutralisation est effectué avec des obus asphyxiants. Lorsque les batteries ennemies ont été bien pilonnées par des tirs destructeurs, le moyen le plus rapide de les mettre complètement hors de combat est d'épuiser les artilleurs par des tirs de neutralisation et de les empêcher ainsi de servir les canons. Même avec des masques anti-gaz, les hommes s'épuisent très vite à cause de la difficulté qu'ils ont à respirer à travers ces masques. Dans ce but, un bombardement d'obus asphyxiants est maintenu pendant plusieurs heures.

Par exemple, lors de l'attaque, près de Craonne, le 5 mai 1917, un de nos corps d'armée français se trouvait en face d'environ cent quatre-vingts batteries allemandes de toutes tailles. Notre feu destructeur avait terriblement endommagé ces batteries ; mais les Allemands, tranquilles sur leur front de l'Est, pouvaient à tout moment faire venir des batteries nouvelles, et pouvaient encore s'opposer à notre avancée vers le plateau de Craonne.

Sur toute la longueur de notre front, notre artillerie tirait des obus asphyxiants, et quelques heures après, à l'exception de quatre ou cinq, toutes les batteries allemandes avaient cessé de tirer.

L'importance de l'emploi d'obus asphyxiants peut être très grande.

Récemment, en Champagne, un obus asphyxiant de grande taille a pénétré par un trou fait par de précédents tirs nourris dans un tunnel allemand bétonné et a explosé. Ce tunnel, qui abritait une importante garnison, composée de deux compagnies et de nombreuses mitrailleuses, avait déjà beaucoup souffert. Ses sorties étaient obstruées, mais il résistait toujours.

Tous, sauf un, ont été étouffés, surpris par le gaz avant d'avoir eu le temps de mettre leur masque. Un chirurgien français, scrutant par le trou fait par l'obus et n'y voyant aucun signe de vie, se glissa dans la galerie remplie de cadavres et, après une brève reconnaissance, fit signe aux troupes françaises les plus proches qu'elles pouvaient l'occuper.

Il n'est pas rare de voir, lors des grandes attaques, les différentes artilleries disposées sur huit rangées et même plus, occupant tout le terrain d'observation disponible.

L'occupation de la cote 304 en août 1917 est un exemple frappant des résultats d'une coordination minutieuse des différents éléments pour la préparation de l'attaque et la prise de la position.

En commençant par la destruction systématique des défenses ennemies par un bombardement continu de plusieurs jours, accompagné d'une localisation très minutieuse de ses batteries, à l'aide de tous les moyens d'investigation possibles (tels que télégraphie sans fil, photographie, localisation des canons par la lumière et sonore, interception de signaux codés, interrogatoire de prisonniers, etc.), les canons de nos contre-batteries, après avoir dûment réparti ces différents objectifs, réussirent dans la matinée du 24 à neutraliser le feu de l'artillerie allemande, et à épuiser les défenseurs. de la cote 304.

Au moment de l'attaque, nos avions de combat, en poussant les avions ennemis bien au-delà de leurs lignes, permettaient à nos avions de reconnaissance de diriger avec précision le tir de nos 75 mm. canons et permettait aux avions accompagnant les vagues d'infanterie d'assaut de voler près du sol et d'attaquer l'ennemi dans leurs tranchées mêmes.

C'est à une telle coordination de tous nos efforts que nous devons la prise, avec un minimum de pertes pour nos troupes, des positions les plus importantes.

Les Allemands ont une manière de tenter de regagner le terrain perdu par des contre-attaques en formation de masse, ce qui leur coûte de terribles pertes. L'artillerie de campagne a un rôle capital à jouer pour repousser ces attaques, qui sont généralement brisées par la rapidité et la puissance des barrages. Les canons de 75 mm. sont assistés par les groupes du 105 et par les groupes de destruction du 155, ainsi que par des tirs de contre-batterie ou de neutralisation de l'artillerie lourde, selon les nécessités du moment.

4. Artillerie anti-aérienne. Les avions sont les armes les plus fiables et les plus efficaces contre les avions et les Zeppelins, mais il est impossible de disposer à tout moment d'un nombre suffisant de machines pour empêcher les incursions de l'ennemi.

Derrière les lignes ont été placées des sections spéciales de canons anti-aériens de différentes tailles (75, 47 et 37 mm) montées sur des affûts spéciaux qui permettent un tir vertical. Sans entrer dans les détails, on peut dire que le tir de ces canons a été rendu si précis que, bien que tout avion ainsi attaqué ne puisse être détruit, les projectiles pleuvent si près autour d'eux qu'ils sont obligés de s'envoler à toute vitesse. Un certain nombre d'avions sont abattus chaque mois par ces canons.

L'une de ces sections heurta et fit tomber un Zeppelin près de Verdun en février 1916 ; un autre abattu, près de Compiègne, au printemps 1917, un grand Zeppelin revenant d'Angleterre. Tout récemment, cinq Zeppelins revenant d'un raid sur Londres ont été abattus en France par des avions et des canons anti-aériens. Nous mentionnons ces événements bien connus comme indiquant la supériorité incontestable de l'avion sur le dirigeable, qui, nous le répétons, n'a fait un véritable service militaire qu'en mer. Ils démontrent également qu'en augmentant le nombre de sections antiaériennes à la fois derrière le front et à proximité de toute la ligne ennemie, les raids sur les villes ouvertes peuvent être rendus impossibles.

Les Allemands ont récemment inventé un nouveau canon, probablement un mortier, qui projette avec une grande précision et à haute altitude une grosse grappe de boules de feu tourbillonnantes, chacune ayant un diamètre potentiel de cinq ou six pieds de tir. L'ensemble de l'amas a un rayon apparent à peu près aussi grand que la largeur d'un avion d'un bout à l'autre. Ces nouveaux projectiles, appelés « oignons enflammés », ont été utilisés principalement sur le front britannique et ne semblent pas avoir causé beaucoup de dégâts réels, mais si un grand nombre d'entre eux étaient tirés sur de gros avions lents, ils pourraient devenir dangereux.

AUTOMOBILES BLINDÉES. Sur certaines automobiles blindées, de petits canons sont utilisés ; sur d'autres, des mitrailleuses sont placées. Ils sont destinés à semer la confusion dans les lignes ennemies en certains points. Leur action doit être rapide, soudaine et brève. Leur mobilité leur permet d'esquiver les tirs de l'artillerie ennemie. Ces véhicules peuvent être bien plus utiles dans les opérations en plein champ que dans la guerre des tranchées. Ils seront particulièrement utiles pour aider la cavalerie lorsque celle-ci pourra à nouveau être utilisée.

Chaque régiment d'infanterie est désormais doté d'une section de trois canons de 37 mm. des canons légers, faciles à mouvoir et très précis, sont employés principalement, soit tous ensemble, soit à raison d'un par bataillon, contre les mitrailleuses. Ils ont été très appréciés par les commandants de régiment ; un grand nombre sera probablement distribué dès qu'ils pourront être fabriqués.

5. Avancement ou retrait de l'artillerie. L'une des questions les plus intéressantes pour une armée en devenir, comme l'armée américaine, est celle du déplacement rapide de l'artillerie lourde, à un instant donné.

Nous n'hésitons pas à dire que ce problème est loin d'être entièrement résolu sur le front occidental, et que son étude et son organisation seront une tâche très ardue pour les ingénieurs chargés de sa solution.

Les ingénieurs américains devront se rendre sur le front occidental et constater par eux-mêmes toutes les difficultés à surmonter.

AVANCE. Au printemps 1917, l'armée française dut poursuivre sur un large front un ennemi qui non seulement avait dévasté le pays derrière elle sur une profondeur de 30 à 35 kilomètres, mais avait aussi accumulé dans ce désert tous les obstacles que son imagination fertile pourrait suggérer.

Le 75mm. l'artillerie de campagne seule, au prix de grands efforts et d'énormes pertes de chevaux, parvint à rattraper, quoique un peu tard, l'avancée de notre infanterie, qui avait réussi à avancer partout.

Les sections de ravitaillement en munitions suivaient leurs batteries, mais plus lentement ; et quelques batteries, qui, au prix de grands et continus efforts, s'étaient mises en place, n'avaient pas de munitions.

Le seul moyen de se prémunir contre de tels retards, à l'avenir, sera de garder en réserve des attelages complémentaires de chevaux, de remplacer ceux qui seront tués, ou d'aider les batteries et leurs sections de munitions dans les pires passages.

Nous n'avons pas le droit de détailler ici les difficultés rencontrées dans la progression de l'artillerie lourde. Nous en avons été informés par une note confidentielle du haut commandement.

Toutefois, si cette note confidentielle expose en détail toutes les difficultés rencontrées, elle ne formule aucune recommandation sur ce qui devrait être fait à l'avenir en de telles occasions.

Il ne fait absolument aucun doute que partout où les Allemands reculeront, ils s'efforceront d'accumuler les obstacles derrière eux, comme ils l'ont fait sur la Somme et dans l'Aisne. La question de l'avancée des différentes artilleries doit donc être examinée avec beaucoup d'attention. Il faut trouver les moyens de l'assurer, tout en gardant à portée immédiate de chaque batterie le ravitaillement en munitions nécessaire.

L'Amérique, quelle que soit sa participation à la guerre, ne pourra jamais mobiliser qu'une petite partie de son immense population. Contrairement à la France, elle ne sera pas contrainte de suspendre les activités de la vie industrielle et commerciale ordinaire. Aidée de techniciens, elle réussira à former toutes les troupes spéciales nécessaires et à les approvisionner intégralement en matériel. Elle pourra même en prêter une partie à la France qui, ayant mobilisé tous ses hommes armés pour servir au front ou à l'arrière, éprouve de grandes difficultés à recruter les troupes techniques dont elle a besoin.

Le problème de l'avancée rapide de l'artillerie doit être résolu en augmentant les moyens de construction de routes. Quelles que soient les difficultés rencontrées et les obstacles créés par l'ennemi, il faut pouvoir construire, dans le moins de temps possible, des routes larges et solides, en nombre suffisant, et réparer ou construire des lignes de chemin de fer entièrement nouvelles de tous gabarits.

RETRAIT. Il faut toujours prévoir la possibilité d'une défaite, tout préparer pour l'atténuer et laisser le moins d'armes possible entre les mains de l'ennemi. Ce problème est plus facile à résoudre que celui d'une avance vers l'ennemi, et pour pouvoir retirer rapidement les différentes artilleries, il suffira, lors de la préparation de l'attaque, d'avoir prévu le nombre de routes et de pistes nécessaires pour retirer les piles par l'avant.

Ces routes et voies ferrées doivent être constamment entretenues par des équipes spéciales et les trous creusés par les obus doivent être immédiatement comblés.

Nous verrons en effet que la parfaite réparation de toutes ces voies de communication est intimement liée à l'approvisionnement en munitions.

6. Conclusion. Des simples indications générales que nous venons de donner concernant l'usage et la mission de l'artillerie, nous pouvons tirer la conclusion suivante :

Jusqu'à la fin de la guerre, il faudra augmenter constamment la fabrication de canons de toutes tailles, notamment ceux des plus gros calibres, et accumuler une réserve de munitions bien au-delà des besoins réels. L'adversaire qui aura réussi à faire taire l'artillerie adverse sera assuré de la victoire, et l'obtiendra sans les énormes pertes en vies humaines que tous les combattants ont subies depuis le début de la guerre.

Ces pertes, on peut le remarquer en passant, ont été considérablement réduites ces derniers temps grâce à l'emploi de méthodes de combat plus scientifiques.

Le transfert de l'artillerie lourde d'une armée à une autre, selon les besoins locaux, présente de nombreux inconvénients. Une telle pratique empêche le Haut Commandement de tromper l'adversaire quant au véritable point d'attaque. Si la préparation de l'artillerie pouvait être maintenue avec une intensité égale pendant des périodes de temps égales sur les fronts de plusieurs armées, l'ennemi ne pourrait pas prévoir laquelle des armées porterait le coup principal et serait très embarrassé quant à la disposition de ses réserves. .

Il ne sera jamais possible sur un front de 600 kilomètres d'accumuler un nombre suffisant de canons pour y parvenir littéralement, mais en produisant constamment de nouveaux canons, en augmentant le nombre de batteries et de grandes concentrations d'artillerie sur de nombreux points éloignés les uns des autres, le l'ennemi continuera à deviner.

CHAPITRE V
FOURNITURE DE MUNITIONS

1. Esquisse de l'organisation ferroviaire.

2. Organisation des parcs à munitions.

3. Parcs divisionnaires. Leur organisation. Leur gestion.

4. Importance de l'approvisionnement en munitions.

5. Remplacement et réparation des armes à feu.

6. Différentes questions de munitions.

Dans la guerre actuelle, l'approvisionnement en munitions de toutes sortes revêt une telle importance que nous avons cru bon de consacrer un chapitre spécial à ce sujet.

1. Esquisse de l'organisation ferroviaire. Selon les instructions de l'état-major, les services de l'arrière acheminent les munitions nécessaires vers les « postes de distribution » des différentes armées. Il y en a un pour chaque armée, muni des voies d'évitement et des cours nécessaires où sont triés tous les hommes et matériels venant de l'arrière, et répartis plus en avant dans toute la « zone d'étapes » ou « zone de guerre ». » Cette zone s'étend du poste de distribution jusqu'au front de l'armée qu'elle approvisionne. Les gares situées à l'intérieur de la zone en tête de ligne, juste derrière le front, sont les « gares *têtes d'étapes de guerre* ».

De ce bref aperçu de l'organisation ferroviaire qui alimente le front, nous passons à l'examen des marchandises de guerre qu'elle transporte.

2. Organisation des parcs à munitions. À l'arrière de chaque armée se trouve un « parc principal d'artillerie », situé à un point de communication facile avec la station de distribution et le front au-delà. Des chemins de fer militaires le relient plus loin aux « dépôts du parc de l'armée », qui à leur tour sont reliés de la même manière aux « parcs du corps d'armée », et ces derniers aux « parcs divisionnaires ». Les chemins de fer militaires s'étendent ainsi en éventail depuis les différentes bases jusqu'au front, point de distribution après point de distribution.

Lors du transport des munitions de l'intérieur du pays vers le front, les différentes sortes de projectiles ne sont jamais mélangées. Il existe des trains de munitions pour les canons lourds, d'autres pour les canons de campagne.

Les munitions sont transportées par chemin de fer de la manière suivante. Les obus 75 et 105 voyagent dans des caisses en bois, d'où ils sont retirés uniquement pour être placés dans les wagons de ravitaillement qui les transportent directement vers les batteries.

Les obus des gros canons sont transportés en vrac. Ils sont remplis d'explosifs, mais le fulminate n'y est pas attaché.

Les lots de poudre de toutes tailles voyagent dans *des caisses en cuivre* , pour se prémunir de tout risque d'explosion accidentelle. La station de distribution envoie les trains de munitions vers les parcs principaux, où ils sont acheminés vers des voies d'évitement.

Ces trains sont ensuite distribués aux avant-postes des Parcs de l'Armée, où, selon les circonstances, ils sont déchargés pour constituer des réserves de munitions, ou redistribués aux Parcs du Corps d'Armée.

La plupart du temps, lorsque les parcs du front réclament du ravitaillement, ces trains ne sont pas déchargés dans les parcs de l'armée, mais acheminés vers les parcs du corps d'armée.

Là, les munitions sont retirées des wagons et empilées en piles assorties séparées par des intervalles de cinquante mètres ; des piles de caisses pour l'artillerie de campagne, des piles de gros obus, des piles de caisses fulminate et des piles de caisses à poudre.

Les Parcs du Corps d'Armée sont chargés de l'approvisionnement des Parcs Divisionnaires, avec lesquels ils sont reliés par de petites voies ferrées de 60 centimètres d'écartement.

3. Parcs divisionnaires. Comme nous avons pris la division comme une unité et examiné ses éléments constitutifs, nous prendrons également le parc divisionnaire comme type.

Elle jouit d'une complète autonomie, et dispose des moyens de distribuer des munitions pour l'artillerie et l'infanterie aux batteries et régiments de la division. Elle possède également des canons de réserve et dispose du matériel nécessaire à la réparation des roues, des wagons, des affûts, des freins, des automobiles, etc.

Examinons la part prise par un Parc Divisionnaire dans la préparation d'une action.

Comme il est continuellement approvisionné par le Parc du Corps-Armée, il a pour mission d'entretenir une réserve suffisante pour les batteries et régiments de la division. La réserve devrait être complète lorsqu'une bataille est sur le point de commencer.

L'artillerie de campagne et l'infanterie devraient être approvisionnées en munitions par wagons-trains. En effet, dès que le sol a été mal labouré par les obus, seuls les véhicules hippomobiles peuvent circuler. La nécessité fréquente d'implanter de nouvelles batteries a été la cause d'une réduction considérable du nombre des trains de wagons. Ils ont été remplacés par des automobiles qui roulent le plus près possible des batteries. Ces derniers envoient alors leurs chariots à la rencontre des automobiles et amènent les obus aux points choisis par l'officier commandant les batteries.

Les munitions pour l'artillerie lourde sont amenées par des voies ferrées à écartement de 60 centimètres jusqu'aux abris de ravitaillement des batteries, d'où des voies à écartement de 40 centimètres, équipées de petits diables spécialement aménagés pour chaque batterie, les amènent directement aux canons. Ces abris de ravitaillement, suffisamment solides pour résister aux tirs d'obus ennemis, sont construits par chaque batterie dès qu'elle a achevé et occupé l'emplacement qui lui est attribué.

Pendant la préparation, le transport du ravitaillement présente peu de difficultés tant que le feu de l'ennemi n'est pas très violent. Dès que le terrain commence à être démoli, il faut appeler des équipes de construction pour maintenir en état toutes les voies de communication. Chaque batterie dispose de sa propre réserve organisée de munitions ou d'abri de ravitaillement, où puiser les obus nécessaires pendant les premiers jours de l'opération, et les parcs s'efforcent par tous les moyens de continuer à alimenter ces réserves.

Les munitions pour les canons de tranchée sont transportées à l'entrée des tranchées par de petits chemins de fer semblables à commande manuelle, et les cartouches et les grenades pour l'infanterie sont distribuées de la même manière.

Il convient, lorsque le temps et les moyens le permettent, d'exploiter ces petits chemins de fer de 40 centimètres d'écartement dans les tranchées elles-mêmes, lorsque celles-ci sont suffisamment larges à cet effet. Les petits camions, poussés par les hommes, amèneront les torpilles et autres munitions le plus loin possible, mais lorsque l'étroitesse des fouilles l'empêche, il faut transporter le ravitaillement à la main jusqu'aux lignes les plus avancées. Ce travail, très laborieux, devrait être confié, autant que possible, à des hommes tirés des régiments de l'arrière qui ne sont pas destinés à prendre part à l'attaque imminente. Depuis un an, des burros nord-africains sont utilisés pour transporter les munitions à travers les tranchées de communication. Ce sont des animaux robustes, faciles à conduire et qui épargnent beaucoup de travail aux troupes.

4. Importance de l'approvisionnement en munitions. Pour donner à nos lecteurs une idée de l'énorme travail que représente le transport des munitions, nous joignons en annexe quelques chiffres obtenus d'une batterie de campagne opérant dans les premières lignes de l'Aisne en mars et avril 1917.

Le 12 avril, la réserve en munitions de cette batterie de quatre canons était de 2,000 obus par canon ; *je. e.* , 8 000. A partir du 15, la batterie reçut 1 500 obus par jour. Le 19 au soir, il ne restait plus que 1 700 obus. La batterie avait donc tiré du 12 au 19 environ 3 600 obus par canon. C'est un chiffre normal, qui explique pourquoi des millions d'obus sont tirés sur un large front en quelques heures.

PRÉCAUTIONS. L'énorme quantité de projectiles et de ravitaillements de toutes sortes dans les différents parcs empêche de les mettre à l'abri, voire de les dissimuler, et, afin de limiter les accidents provoqués par les explosions, les piles de munitions sont éloignées les unes des autres. Pour les dissimuler à l'aviation ennemie, on jette dessus des tissus peints ou des herbes de couleur verte ou brune, de manière à tromper l'œil.

Pour une raison ou une autre, l'aviation ennemie n'a pas causé de dégâts très importants à nos diverses réserves de munitions. Les dégâts se sont en général limités à l'explosion des cheminées directement touchées, même si, au début des opérations sur la Somme, un aviateur allemand a réussi à détruire complètement, à l'arrière des lignes anglaises, un grand parc de tous sortes et tailles de coquilles.

Les Alliés ont également souvent provoqué l'explosion des dépôts de munitions allemands, mais les dégâts causés, selon toute apparence, ont toujours été limités.

5. Remplacement des pistolets. Nous venons de voir que certains canons de campagne tirent jusqu'à 3 600 coups en quelques jours. Ceci, ajouté à la rapidité du tir (parfois quinze coups par minute, lors des barrages), explique l'usure rapide des canons, dont le métal se décompose sous l'effet de la chaleur.

Malgré la qualité de l'acier, les canons s'usent et finissent par éclater. Il est de la plus haute importance de remplacer ceux mis hors service par l'usure ou par le feu de l'ennemi.

Cette tâche incombe au Parc Divisionnaire, qui doit disposer d'une réserve suffisante pour tous les besoins. Le parc doit également être prêt à réparer toutes les armes qui ne sont pas gravement blessées au point de devoir être renvoyées au parc militaire.

La batterie dont nous avons évoqué la consommation de munitions a dû, du 12 au 19 avril, procéder aux modifications suivantes :

Deux canons furent mis hors service par le feu de l'ennemi ;

Une arme à feu a explosé ;

Sept canons durent être envoyés dans les parcs pour réparer leur mécanisme ou leurs affûts, mis hors service.

Lorsque le mécanisme, les roues ou une partie seulement de l'affût ont été endommagés, la réparation est rapide, mais lorsque les canons ont explosé ou ont été brisés par le feu ennemi, il faut les refondre.

Bref, une batterie de quatre canons en utilisait dix en sept jours ; mais il convient de noter que sur ces dix canons, trois seulement furent entièrement mis hors service (deux des affûts purent être réutilisés) et deux des canons n'eurent besoin que d'un changement de tubes.

Ces chiffres soulignent néanmoins la nécessité pour les parcs de conserver un stock important de canons de réserve et d'entretenir des ateliers pour la réparation immédiate des pièces légèrement endommagées.

Le retubage des canons est un travail qui ne peut se faire que dans les usines de l'armée. Le tube rayé intérieur, bien que chauffé à blanc, est retiré et remplacé par un nouveau tube qui est re-rayé. Le canon est alors comme neuf, mais, si le tube extérieur, qui est la partie résistante du canon, a été brisé par des projectiles, le canon est irréparable et doit être envoyé à l'arrière pour être refondu.

Sous les bombardements les plus violents, le remplacement des canons ainsi mis hors service ne prenait pas plus de deux heures.

L'étude des détails ci-dessus montrera la nécessité, au cas où un tir intense et constant serait nécessaire, d'accumuler la plus grande réserve possible de batteries de campagne aux points exigeant un grand effort. Lorsque, comme cela arrive souvent, plusieurs batteries sont momentanément hors service, les batteries environnantes devront intensifier leur tir. Les tirs de barrage, qui relèvent presque exclusivement de l'artillerie de campagne, doivent être rapides, continus, précis et concentrés.

6. Différentes questions de munitions. Afin d'éviter des retards dans la visée et le tir, il est indispensable de veiller à ce que les munitions apportées aux batteries, de toutes tailles, appartiennent, autant que possible, à la même issue, en provenance des mêmes usines de chargement. Cette règle est strictement respectée, sauf impossibilité matérielle.

En France, les parcs reçoivent généralement des lots de 5 000 obus, tous chargés dans la même usine et munis d'étiquettes permettant aux tireurs de s'assurer que les projectiles appartiennent au même lot ; chargé à une date spécifiée et dans une usine spécifiée.

Après quelques tirs d'essai, les commandants de batterie constateront les effets d'un lot d'obus donné et dirigeront leurs canons en conséquence.

Nous ne pouvons entrer ici dans les détails de la pratique de l'artillerie. Il faut en commencer l'étude dans les écoles, sous la direction de spécialistes ; l'application pratique doit être faite dans les camps. Cet enseignement détaillé est maintenant donné dans les camps de France et d'Amérique aux nouvelles recrues par des officiers alliés, qui ont tous acquis au front une grande expérience dans tout ce qui concerne l'artillerie.

Les canons jouent un rôle prépondérant dans la guerre actuelle, et les combattants les perfectionnent sans cesse.

A l'heure actuelle, l'artillerie de campagne française se démarque sans doute par la précision et l'efficacité de ses canons et projectiles, dont les modèles ont été adoptés par les Etats-Unis.

Les artilleries lourdes françaises et anglaises sont désormais nettement et à tous égards supérieures en qualité à l'artillerie allemande et sont plus intelligemment maniées.

L'artillerie lourde anglaise, toujours secondée par de nombreux aviateurs d'une grande audace, peut développer ses tirs de concentration avec un très grand degré d'intensité et d'efficacité, et l'on peut affirmer d'après des informations personnelles qu'il n'y a jamais eu sur aucun front pendant cette guerre une telle un formidable coup de tambour comme celui exécuté par l'artillerie française entre le 18 et le 22 octobre 1917, au nord-est de Soissons.

Les Allemands, qui au début de la guerre étaient plutôt mauvais artilleurs, ont amélioré leur matériel et surtout leurs méthodes de tir en adoptant franchement ceux de l'artillerie française. Ils possèdent une artillerie lourde, aussi nombreuse que puissante et variée, et lorsqu'ils parviennent à systématiser leur tir, ses effets sont cruels.

C'est pourquoi nous terminerons ce chapitre en répétant :

Ayons encore plus de canons, encore plus de munitions et encore plus d'avions pour seconder notre artillerie.

CHAPITRE VI
INFANTERIE

1. Armes de l'infanterie : le fusil ; la mitrailleuse ; le fusil mitrailleuse ; la baïonnette ; la grenade ; le couteau de tranchée ; le pistolet automatique.

2. Instruction des troupes. Devoirs des officiers. "Troupes de choc."

3. L'infanterie d'une division : le front ; dispositions prises; troupes d'assaut; troupes d'occupation; engagements offensifs ou défensifs ; préparation d'attaques; engagements prolongés; postes de commandement; signalisation; bataillons et compagnies; états-majors subalternes.

4. Un mot sur la cavalerie.

1. Armes de l'infanterie. Cette guerre a complètement transformé l'armement et par conséquent modifié les méthodes de combat de l'infanterie.

FUSIL. En 1914, le soldat français était armé du fusil de modèle 1886, non remodelé ; *je. e.* , un pistolet à répétition avec un chargeur rempli à la main. C'était une excellente arme utilisée depuis longtemps, mais trop d'entre elles avaient perdu leur précision à cause de l'usure. Depuis 1914, ces fusils ont été remplacés par d'autres du même modèle équipés de clips de chargement.

MITRAILLEUSES. Au début, le nombre de mitrailleuses était de six par régiment d'infanterie. Pendant longtemps, ils furent distribués à raison de deux par bataillon ; puis on décida de les former en batterie sous le commandement du colonel.

Cette limite de six mitrailleuses par régiment plaçait la France dans une très grande infériorité par rapport aux Allemands, qui disposaient de réserves de compagnies de mitrailleuses dans chaque division.

Les premiers combats montrèrent le rôle important joué par les mitrailleuses et la France se prépara à en produire en quantité. Mais il resta longtemps en état d'infériorité à cet égard, en raison des progrès de l'équipement réalisés par les Allemands, et aussi parce que, sur les trois modèles différents adoptés et construits, deux n'étaient pas assez solides pour tenir la guerre des tranchées. Ces modèles ont donné des résultats décevants, mais le mal est désormais réparé.

Chaque compagnie de mitrailleuses est désormais dotée de seize canons — nombre qui, nous croyons, a été adopté pour la compagnie de mitrailleuses américaine. La France possédant désormais d'excellents modèles, les troupes américaines, qui disposaient déjà avant la guerre de bons canons, recevront sans doute un équipement efficace. Dans cette guerre, il est nécessaire que les éléments constitutifs d'une mitrailleuse et ses munitions soient faciles à transporter.

Malgré leurs effectifs réduits, les Allemands sont toujours en mesure d'augmenter le nombre de leurs mitrailleuses et envisagent de porter leur nombre de vingt-quatre à trente-quatre par compagnie. Selon toute vraisemblance, les Alliés devront très prochainement renforcer leurs propres batteries de mitrailleuses. Une batterie peut rarement tirer tous ses canons en même temps parce qu'ils deviennent trop chauds après avoir tiré environ cinq cents coups, et parce qu'ils risquent, surtout lorsqu'ils opèrent sur un terrain boueux, de s'enrayer et de rester ainsi hors service jusqu'à ce que les artilleurs peut les remettre en état de marche.

Pour ces raisons, les règlements d'avant-guerre prescrivaient que les mitrailleuses devaient fonctionner par paires, de sorte que l'une soit toujours prête à prendre le feu, si l'autre devait, pour une raison quelconque, être hors de combat.

Cette réglementation est toujours respectée, mais seulement dans la mesure où les circonstances le permettent. En cas d'urgence, par exemple lorsqu'il faut repousser une attaque, l'emploi simultané de toutes les pièces devient nécessaire, surtout contre un ennemi qui possède un nombre supérieur de pièces similaires.

Chaque belligérant a capturé de nombreuses mitrailleuses et beaucoup de munitions chez l'ennemi. Ainsi la France possède des batteries allemandes complètes, et l'Allemagne possède à la fois des batteries françaises et anglaises.

La principale différence structurelle entre les mitrailleuses allemandes et françaises réside dans le mécanisme de refroidissement des canons ; les Allemands utilisent à cet effet la circulation de l'eau, et les Français la circulation de l'air.

Pour éviter de graves brûlures résultant du contact avec les canons des armes, les tireurs portent des gants recouverts d'une maille d'acier très épaisse.

Nous avons vu des photographies de batteries de mitrailleuses américaines transportées sur des motos. Les Français n'utilisent plus cette méthode, et si elle s'est avérée excellente au Mexique, elle est totalement impraticable sur le front français.

Le terrain, sur une longue distance derrière les lignes de défense, a été tellement détruit et rendu impraticable par les bombardements prolongés que les véhicules à moteur ne peuvent pas passer. Les véhicules hippomobiles peuvent s'approcher beaucoup plus près, mais à l'entrée des tranchées de communication, même les transports de bât doivent être abandonnés, et à partir de ce point (à défaut de dispositifs aussi récents que les voies manuelles à voie étroite ou les ânes de bât), tous Le matériel de guerre doit avancer vers les lignes avancées à dos d'homme. En cas d'avancée au-delà du front, les difficultés seraient doublées, puisqu'il faudrait traverser le terrain dévasté derrière les lignes ennemies.

Le transport en pack est donc le mieux adapté aux batteries de mitrailleuses et à leurs fournitures. Lorsque le nombre de chevaux ou de mulets est insuffisant, des véhicules légers, tirés chacun par un seul animal, peuvent être utilisés ; notamment pour les sections de mitrailleuses qui doivent occuper des postes plus ou moins permanents.

Afin de contrebalancer ses pertes, l'Allemagne n'a cessé d'augmenter le nombre de ses mitrailleuses, les utilisant comme arme défensive pour freiner l'avancée de l'ennemi et pour pouvoir s'accrocher à ses positions avec un petit nombre d'hommes.

L'Allemagne n'hésite pas à sacrifier des mitrailleuses pour gagner du temps, et les mitrailleurs allemands se retrouvent souvent dans leurs abris enchaînés à leurs canons, et donc obligés de les servir jusqu'à ce qu'ils soient tués ou libérés par l'ennemi.

Les mitrailleuses et les grenades sont certainement les armes les plus puissantes contre les vagues d'assaut. Il est rare que les avions de reconnaissance détectent tous les nombreux abris contre les mitrailleuses. Certains d'entre eux restent toujours après un bombardement pour montrer leur activité lors de l'attaque de l'infanterie.

Les Britanniques ont utilisé très efficacement leurs chars pour détruire les derniers postes de mitrailleuses. Les Français ont commencé à les utiliser avantageusement. Les Américains, entrant en guerre une fois perfectionnés et bénéficiant de l'expérience de leurs Alliés, pourront, dès leur arrivée au front, utiliser des chars bien conçus et construits en appui à leur infanterie. Les chars deviendront des armes de plus en plus indispensables et leur utilisation généralisée évitera de lourdes pertes en vies humaines à l'infanterie. Les Allemands en ont désormais.

FUSIL MITRAILLEUSE. Une nouvelle arme fut ajoutée à l'armement de l'infanterie en 1916. Il s'agit du fusil mitrailleuse, qui ne doit pas être confondu avec le fusil automatique (fusil à répétition).

Beaucoup plus légère que la mitrailleuse, portée et servie par un seul homme, elle se déplace facilement et, bien utilisée, est une arme des plus dangereuses.

Pour tirer, l'homme se couche (derrière un abri si possible) et lève la crosse jusqu'à son épaule, l'avant de l'arme reposant sur une fourche très courte. Les fusils mitrailleux sont principalement utilisés contre les mitrailleuses.

Il existe plusieurs types de fusils mitrailleux. Le meilleur est sans doute celui muni d'une platine, contenant vingt-cinq cartouches, qui tourne sur un axe vertical à l'arrière du canon et tire les vingt-cinq cartouches. Chaque tir fait faire à la plaque 1/25 de tour et laisse tomber une nouvelle cartouche dans le canon. Lorsque la plaque est vide, elle est immédiatement retirée et remplacée par une autre préalablement chargée.

L'expérience montre que les fusils mitrailleux ne donnent de bons résultats que lorsqu'ils sont entre les mains d'hommes calmes et clairvoyants, connaissant bien leur maniement, mais qu'ils ne sont pas aussi bons que les fusils ordinaires entre les mains des troupes africaines.

LA BAÏONNETTE. Toute l'infanterie utilise la baïonnette, arme qui a conservé toute son importance dans la guerre actuelle. Les soldats français et russes manient la baïonnette de la manière la plus dangereuse. Les Allemands ne maîtrisent pas très bien son utilisation.

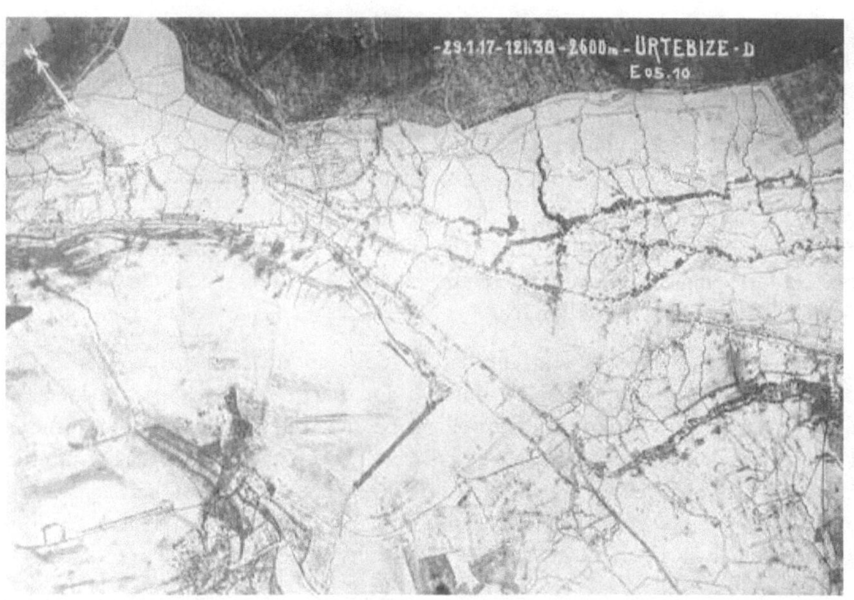

Urtébize

29 janvier 1917 — 12H30

Les hommes doivent recevoir une instruction très détaillée et approfondie sur l'exercice de la baïonnette, mais comme les troupes américaines possèdent un manuel très complet sur ce sujet, nous ne nous y attarderons pas.

GRENADES. Une nouvelle arme (ou plutôt une ancienne qui a été réutilisée) qui joue un rôle très important dans les actions de l'infanterie est la grenade. Il en existe de nombreux types mais elles peuvent être classées comme grenades offensives ou défensives. Le premier type n'est pas aussi destructeur que le second. Ils sont plus légers, peuvent être lancés à une plus grande distance et sont utilisés pour empêcher l'ennemi de sortir de ses abris et de ses tranchées lorsque les assaillants les atteignent. Les grenades défensives, extrêmement destructrices, sont utilisées contre les troupes en attaque ou en contre-attaque. Certains sont lancés à la main, d'autres avec le fusil. Des soldats bien entraînés peuvent lancer des grenades jusqu'à cinquante et cinquante-cinq mètres.

Les grenades à fusil sont lancées grâce à la puissance propulsive d'une cartouche ordinaire. Un dispositif spécial situé à la bouche du fusil arme la grenade, pour ainsi dire, lorsqu'elle est chassée du canon par la balle, de sorte qu'elle explose en touchant le sol. Elle va plus loin que la grenade à main.

Récemment, le général Pershing a souligné à juste titre la nécessité de perfectionner l'adresse au tir des recrues. A cette maîtrise et à cette habileté dans le maniement de la baïonnette, qui confère au soldat autonomie, souplesse et agilité (qualités que les Allemands n'acquièrent pas facilement), il faut ajouter un entraînement approfondi au lancer de grenades, sport que les Allemands n'acquièrent pas facilement. captive immédiatement ceux qui le pratiquent. D'excellents résultats sont obtenus en offrant des prix pour la pratique de la grenade, tant pour la distance que pour l'adresse au tir. Le soldat français se contente de peu, et la simple offre de quelques cigares ou paquets de cigarettes aux meilleurs lanceurs a réalisé de merveilleuses performances dans cette lignée.

Nous pensons que les Allemands n'ont aucune raison de se féliciter d'avoir été les premiers à réintroduire l'usage des grenades dans la guerre, car il s'agit d'une arme qui requiert intelligence et habileté dans son maniement. Lancée par des Français rapides et astucieux, ou par des sportifs comme les Britanniques, elle est bien plus dangereuse qu'entre les mains de soldats allemands passifs et à la tête épaisse. Nous sommes sûrs que les troupes américaines utiliseront la grenade avec la même habileté que leurs alliés.

COUTEAUX DE TRANCHÉE. Le combat de tranchées est un combat jusqu'au bout et a nécessité l'adoption d'un couteau solide. Entre les mains d'hommes farouches et résolus, c'est une arme terrible, très utilisée dans l'espace confiné des tranchées, des tunnels et des abris-abris où les baïonnettes ne peuvent pas être utilisées. Les troupes africaines sont très friandes de ces couteaux, et comme les Allemands le savent bien, ils ne se rendent jamais aux troupes africaines, et les combats entre ces combattants sentent toujours la sauvagerie.

En raison de leur peur des couteaux et des poignards, les Allemands ont déclaré leur utilisation inhumaine et ont fusillé de nombreux prisonniers sur lesquels des poignards ont été trouvés. Il convient donc aux troupes obligées de se rendre (et les troupes les plus courageuses devront peut-être le faire) de jeter leurs poignards à temps.

PISTOLETS AUTOMATIQUES. Les officiers et sous-officiers ne disposent que d'armes automatiques, mais nous aimerions les voir délivrées à l'infanterie, car elles *sont plus utiles dans les combats au corps à corps* .

L'emploi des diverses armes mentionnées ci-dessus a nécessité la division de la compagnie en grenadiers, mitrailleurs et infanterie légère. Ces derniers se battent surtout avec les fusils, les baïonnettes et les poignards ordinaires.

Lorsque les circonstances le permettent, il conviendrait d'apprendre à tous les hommes d'une compagnie le maniement de toutes les armes, les uns après les autres, afin de pouvoir rétablir après et même pendant une bataille la proportion exacte de spécialistes. On a trop tendance à négliger la pratique du tir à la carabine. Les soldats ne doivent perdre aucune occasion de se perfectionner dans l'usage du fusil, qui reste l'arme principale de l'infanterie. Son importance sera encore plus grande en cas de guerre ouverte.

2. Instructions. Pour être un bon soldat d'infanterie, un homme doit être très vigoureux, suffisamment jeune, pas plus de trente-cinq ans, bien nourri et bien entraîné.

L'instruction individuelle doit être aussi complète que possible et perfectionnée avant l'envoi de l'homme au front.

L'instruction théorique des troupes doit être achevée avant de pouvoir leur confier la défense d'un secteur, et ce n'est que dans les lignes et face à l'ennemi qu'elles peuvent acquérir l'expérience pratique. Plus leur connaissance des détails théoriques est approfondie, plus vite la compagnie et le bataillon deviendront de bonnes unités de combat.

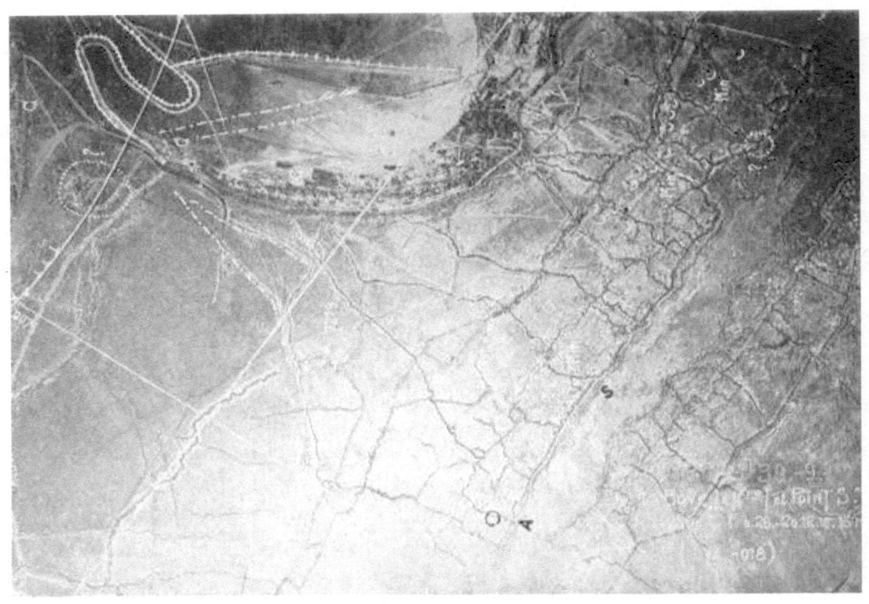

La Bovelle

20 décembre 1916-3. MP

L'esprit d'initiative doit être spécialement encouragé chez chaque soldat, car dans la guerre actuelle, chaque homme a un rôle individuel à jouer, selon ses devoirs, son grade et ses armes. Au cours des combats proprement dits, le soldat ne peut guère compter sur le leadership de ses supérieurs, dont on attend simplement qu'ils donnent l'exemple et qui sont souvent les premiers à tirer.

DEVOIRS DES OFFICIERS. Avant d'ordonner à leurs hommes d'avancer et pendant qu'ils sont encore dans les tranchées, les officiers, assistés de leurs sous-officiers, devraient, chaque fois que le temps et les circonstances le permettent, s'efforcer d'expliquer pleinement à chacun quels sont les objectifs à atteindre et quels sont les moyens à mettre en œuvre. être employé. Aucun détail ne doit être négligé.

Les tâches du Major seront de désigner très clairement les fronts assignés à chacune de ses compagnies, les objectifs qu'elles doivent atteindre et les itinéraires qu'elles doivent suivre. Un assaut se fait généralement en plusieurs vagues, ainsi l'ordre de départ, la distance à maintenir entre les vagues successives, le lieu de stationnement des réserves, et, le cas échéant, les instructions relatives à la jonction et au reformage des éléments de réserve. les diverses compagnies, forment autant de points qui doivent être réglés d'avance dans leurs moindres détails. Le Major devra décider au préalable comment le bataillon ainsi que les différentes compagnies tiendront les objectifs après les avoir capturés, comment ils organiseront ces objectifs dans les plus brefs délais et comment ils résisteront aux contre-attaques. Les officiers commandant les bataillons et les compagnies ne doivent pas oublier qu'une fois l'action commencée, et souvent même avant qu'elle ne soit commencée, toutes les communications deviennent difficiles et souvent impossibles, et que par conséquent toutes les éventualités possibles, dans la limite des ordres reçus, doivent avoir été soigneusement étudié à l'avance. Il est donc indispensablé de donner à chaque homme des instructions minutieuses.

Cet extrait d'une lettre trouvée sur un capitaine français tué sur la Meuse donnera aux jeunes officiers inexpérimentés une bonne idée des pensées qui doivent animer l'esprit d'un commandant efficace.

« Je suis seul, écrit-il, dans cet abri souterrain, encore imprégné de l'atmosphère fétide des Allemands, où gisent les preuves d'une fuite désordonnée, des biscuits, des chiffons sanglants, des lettres tachées, une biographie d'Hindenburg, etc. dispersés dans toutes les directions. Je suis seul après avoir relevé la compagnie qui a attaqué. Je suis seul, sans conseil si j'hésite, sans secours si je faiblis, dans cette tranchée capturée et à moitié détruite. Mes deux cents hommes s'entassent aveuglément, ignorant leur environnement et ne sachant que faire. Leur vue redonne mon énergie déclinante. Je dois penser pour eux et tout mettre en ordre avant le lever du jour. Je consulte ma montre : il est minuit.

Voilà un Chef, un vrai leader ! Il sort ; jusqu'à l'aube il inspecte son secteur, il met ses hommes au travail. A chacun il assigne une tâche ; il les stimule, les empêche de s'endormir et ne se ménage pas. Il peut compter sur tous ses subordonnés pour faire de leur mieux, et au point du jour, si le bombardement reprend, si la contre-attaque est lancée, la tranchée sera prête ; les pertes seront diminuées ; la résistance aura été rendue possible. C'est par de telles méthodes, par la coopération constante de l'officier et de ses hommes, que l'armée accomplit des exploits merveilleux. C'est cette coopération constante, cette compréhension du devoir du plus humble chef, qui nous a permis de tenir bon à Verdun.

Les missions les plus difficiles doivent être confiées à ceux que l'on sait les plus qualifiés pour les remplir.

Une fois le signal d'attaque donné, les officiers et sous-officiers n'auront guère d'autre moyen de faire obéir leurs ordres qu'en donnant l'exemple à leurs hommes.

Nous profitons de cette occasion pour rendre un profond hommage aux officiers inférieurs des armées françaises. En effet, ils sont et resteront les héros de cette guerre. Ils sont tombés au champ d'honneur depuis août 1914, non par milliers mais par dizaines de milliers. Jamais, dans les circonstances les plus critiques, leur moral ne s'est affaibli un seul instant. De tout temps, on a trouvé des hommes aussi courageux que leurs prédécesseurs pour remplacer ceux qui étaient tombés si héroïquement (j'allais dire si gaiement) dans la mort. En sacrifiant leur vie à leur pays, ils ont non seulement donné l'exemple aux officiers de leurs alliés, mais encore ont donné à ces derniers le temps de se former et de s'entraîner, et, je peux le dire en toute vérité, de les égaler. La bravoure déployée par les officiers d'infanterie des armées anglaise, italienne et russe est à la hauteur de celle des officiers français, et d'ici peu, les officiers américains, j'en suis sûr, se montreront dignes du même verdict.

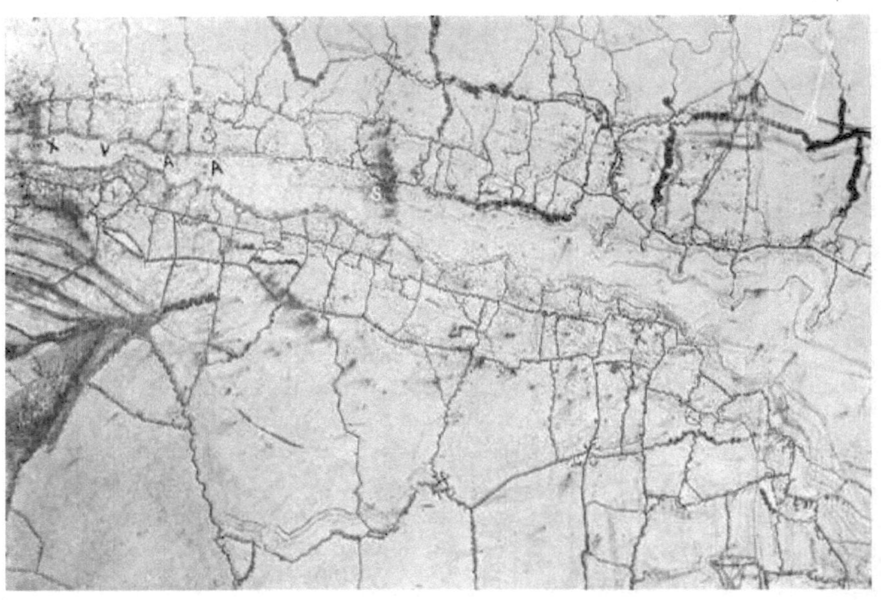

Au sud de la Ferme de La Bovelle

29 janvier 1917 — 12H30

Nos officiers ont toujours, et dès le premier jour de la guerre, invariablement marché devant leurs hommes, les conduisant droit à l'ennemi. Ils ont avancé à travers les tirs de rideau les plus intenses ; ils se sont exposés au feu d'innombrables mitrailleuses ; ils ont été la cible de fusils et de grenades. Des milliers de personnes ont été tuées ; personne n'a hésité, personne n'a fait demi-tour. Les officiers alliés ont fait preuve de la même audace, de la même bravoure.

Mais qu'en est-il des officiers allemands ? Est-il possible de ne pas opposer leur attitude à la nôtre ? Les officiers allemands s'efforcent de garder sous abri le plus longtemps possible leurs précieuses personnes, si supérieures, à leur avis, à celles de leurs hommes, et lorsqu'ils trouvent le courage de sortir à découvert, ils se contentent de suivre derrière leurs troupes, avec des revolvers à la main pour exiger l'obéissance.

Nous souhaitons reproduire ici deux ou trois citations prises au hasard parmi des milliers de citations similaires publiées au *Journal Officiel de la République Française* , l'organe officiel du gouvernement français, pour donner une illustration vivante de la manière dont les officiers doivent comprendre leurs devoirs. :

Le 1er septembre 1914, *le major Parisot de la Boisse* dit à ses chasseurs : « Je vous donne ma parole d'honneur, tant que l'un de nous reste en vie, l'ennemi ne passera pas. » Malgré de lourdes pertes, bien que presque encerclé, il dégagea ses troupes et poursuivit le combat. Le Pass de Mandray qu'il a défendu reste français !

Capitaine Robert Dubarle. « Un exemple vivant d'impassibilité sous le feu, de mépris du danger, d'énergie et d'initiative. »

Capitaine Mazarde — 11e Chasseurs. « Un splendide officier déjà cité à l'ordre de la Division, du Corps d'Armée et de l'Armée. Du 29 juin au 14 juillet 1915, il fait preuve d'une bravoure de héros. Alors qu'il menait ses Chasseurs en direction de *Sidi Brahim* dans une attaque contre un bois, il fut stoppé par des fils de fer à 50 mètres de sa lisière. Il maintient la ligne d'attaque pendant 36 heures, face à face avec l'ennemi, repousse une contre-attaque et crible la ligne ennemie de balles et de grenades. Il ne se retira que sur ordre, emportant tous ses blessés et les corps des officiers tués. Il a été abattu et est mort des suites de ses blessures.

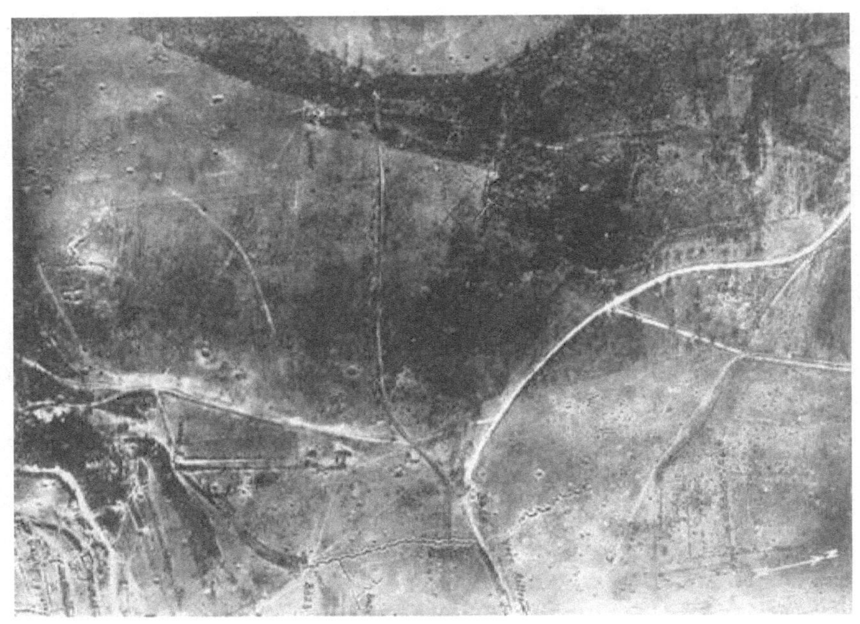

À l'ouest d'Ailles

24 avril 1917 — 10H00

Capitaine Pierre Mercier — 67e bataillon de chasseurs. « Chargé de la mission de défendre le passage d'un pont, il maintenait sa compagnie sous un feu intense. Débordé à droite et à gauche, il n'hésita pas à charger un ennemi très supérieur en nombre, et tomba mortellement blessé, en disant à ses hommes : « Nous avons fait notre devoir.

L'espace ne nous permet pas de donner des citations plus nombreuses, mais nous pensons qu'il serait utile à l'armée américaine de se procurer les procès-verbaux de la guerre, d'y sélectionner les citations les plus brillantes des armées française et anglaise, de les faire traduire et largement diffuser. parmi les troupes américaines. Rien ne serait plus instructif pour les officiers, rien ne pourrait mieux exciter leur feu, rien ne leur inspirerait un plus grand désir d'imiter leurs camarades des armées alliées. L'exemple de l'héroïsme est contagieux pour les jeunes hommes.

TROUPES DE CHOC (STOSSTRUPPEN). L'échec continu des attaques ou contre-attaques allemandes pendant plus d'un an les conduisit à la création de ce qu'ils appellent *Stosstruppen* . Les nouvelles recrues de l'armée allemande manquaient cruellement de qualité ; le soldat allemand, dans le meilleur des cas, manquait d'initiative. Le haut commandement recourut donc à une sélection des meilleurs éléments de certaines de ses divisions, avec lesquels former des bataillons ou des compagnies d'assaut.

La promesse de recevoir une nourriture meilleure et plus abondante que celle donnée aux autres troupes (tant la question de la nourriture est importante pour le soldat allemand, qui a des rations un peu courtes depuis 1916) a suffi à faire venir des volontaires pour ces compagnies.

Ces troupes spéciales sont dispensées du travail dans les tranchées et ne sont amenées aux lignes qu'en cas de besoin. En de telles occasions, ils sont dispersés sur tout le front d'attaque dans le but d'encourager par leur exemple les éléments moins bien organisés.

Les Allemands, qui, après la révolution russe, purent retirer les meilleurs éléments de leurs divisions sur leur front de l'Est, firent, en juin et juillet 1917, un usage fréquent de leurs Stosstruppen dans des contre-attaques en Artois et dans des opérations *désespérées* . et des attaques quotidiennes sur le Chemin des Dames, mais le résultat était loin d'être attendu.

Les *Stosstruppen* , obligés, comme les troupes ordinaires, d'attaquer en rangs trop serrés, offrent une magnifique cible à l'artillerie et aux mitrailleuses et, neuf fois sur dix, leur élan est stoppé avant de pouvoir engager un corps à corps. lutte.

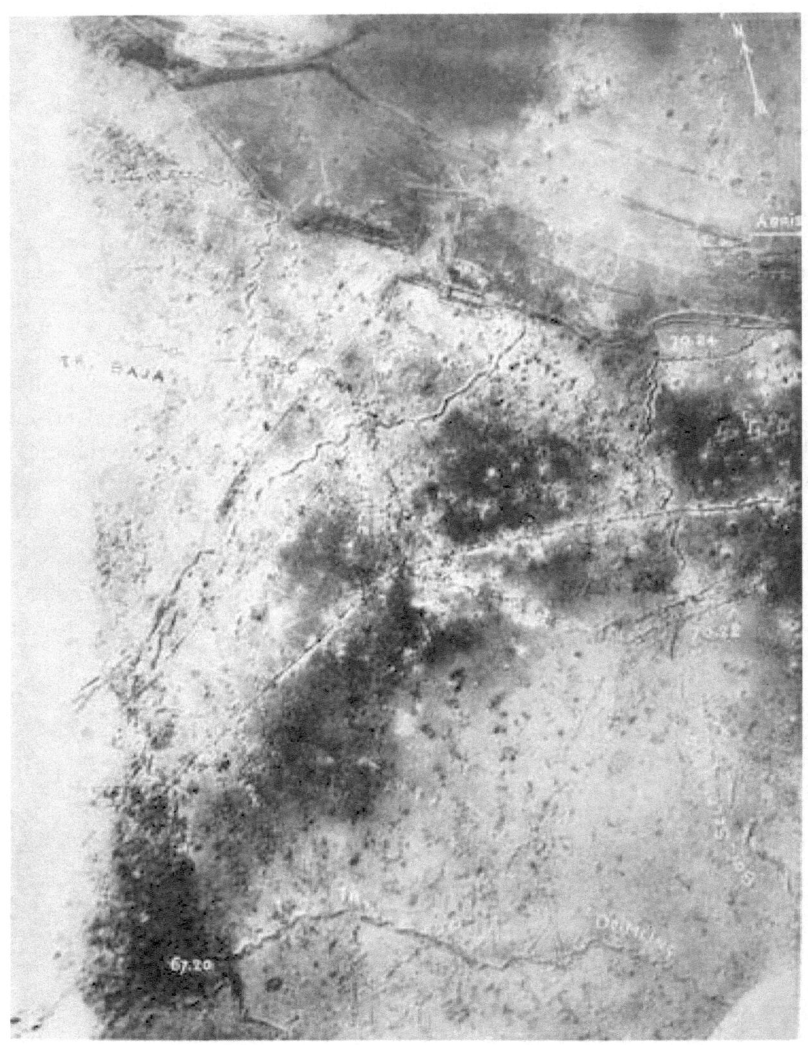

La Bovelle

5 mai 1917 — 10H30

Nous nous demandons ce que les divisions allemandes sur le front russe seront capables d'accomplir sans leurs éléments les meilleurs et les plus forts lorsque l'armée russe se rassemblera et rentrera sérieusement dans la guerre.

3. Mission et utilisation de l'infanterie dans une division. Nous avons dit qu'une division comprend trois ou quatre régiments. Nous nous attarderons maintenant sur la disposition d'une division comprenant deux brigades de deux régiments chacune. Il paraît certain que c'est ce type qui sera adopté par l'armée américaine, qui possède un nombre d'hommes suffisant pour cette constitution normale d'une division.

Devant une division. Le front d'une division dans la guerre de tranchées est d'étendue très variable. L'occupation de retranchements forts, permettant de mettre les réserves à l'abri du feu ennemi, permet l'extension du front, surtout si l'armée reste sur la défensive.

Mais dès qu'une division passe à l'offensive, son front est réduit à des proportions telles qu'elles permettent un effort énergique. Le front d'une division en champ libre a été fixé entre 1800 et 2000 mètres. Les opérations de 1914 ont montré que les fronts étaient toujours plus longs et souvent deux fois plus longs et cela continuera peut-être à l'avenir si la guerre à ciel ouvert reprend ; mais, tant que la guerre restera une guerre de retranchements, il sera très dangereux de ne pas limiter les fronts, surtout lors d'une offensive. C'est une vérité reconnue, et il existe une tendance croissante, notamment dans l'armée britannique, à raccourcir le front d'attaque d'une division.

DISPOSITIONS. Le mode le plus logique de disposer les troupes en division sur le champ de bataille consistera toujours dans la jonction des deux brigades côte à côte, et, dans les brigades, dans la jonction des régiments côte à côte.

La division, la brigade, le régiment et même le bataillon doivent chacun constituer des réserves soit pour assurer le succès, soit pour se prémunir contre d'éventuels échecs de leur offensive. Dans cette guerre de position, plus encore peut-être que dans celle de mouvement, la nécessité d'avoir toujours des troupes à portée de main, prêtes à repousser les contre-attaques, s'impose, du fait que chaque repoussée est suivie de l'occupation par l'ennemi d'un terrain. partie de la ligne de défense qui devrait être reprise plus tard avec de lourdes pertes si l'ennemi avait le temps de s'y organiser.

Au nord de La Bovelle

24 avril 1917 — 10 heures DU MATIN

La disposition des unités en profondeur permet au commandement, lorsque les lignes sont savamment construites et leurs intercommunications bien assurées, de ne garder que quelques hommes dans les endroits sévèrement bombardés, et d'abriter la plus grande partie des troupes là où elles ne peuvent être blessées.

L'étude des dernières grandes opérations, notamment sur le front britannique, montre que l'expérience et l'entraînement acquis sur le terrain par les troupes britanniques, ainsi que la cohésion de leur artillerie et de leur infanterie, ont contraint les Allemands à abandonner leur mode de répartition de leurs forces. en 1916 et d'adopter un système de combat tout à fait différent.

Dans la bataille de la route Ypres-Menin, les Allemands lancèrent trois divisions sur un front très étroit, avec trois bataillons, un de chaque division, sur la première ligne.

Immédiatement derrière chaque bataillon de tête, un deuxième était placé pour le soutenir. Les deux autres bataillons de chaque régiment de quatre formations de bataillon, et le troisième bataillon des trois régiments de bataillon, étaient tenus en réserve en profondeur pour tenter de freiner l'avancée anglaise et d'exécuter des contre-attaques détaillées.

Derrière ces divisions d'attaque, des troupes spéciales, soigneusement sélectionnées, composaient une réserve générale, attendant dans des abris très solides où elles étaient protégées des bombardements de l'artillerie lourde. Ces réserves étaient utilisées lorsque les divisions de première ligne ne parvenaient pas à freiner l'avancée de l'ennemi, ou lorsqu'il y avait une chance de reprendre le terrain perdu par de violentes contre-attaques.

La conséquence naturelle de cette nouvelle répartition des troupes allemandes est que, pour y contrecarrer avec succès, il faut adopter des fronts très étroits. Des forces suffisamment fortes pour repousser l'ennemi et ne laissant pas le temps aux bataillons de soutien de s'engager efficacement doivent être placées en première ligne. Les premières lignes doivent être appuyées par des réserves suffisamment fortes pour s'opposer sans perte de temps aux réserves ennemies. Une réserve générale doit être tenue prête, avec une force suffisante pour maintenir les positions conquises contre toutes les contre-attaques qui pourraient être lancées par les réserves générales allemandes.

Les dernières opérations d'octobre montrent que ces dispositions sont désormais en vigueur dans toutes les armées.

DÉFENSIVE. Nous venons d'exposer les dispositions que les Allemands durent adopter sur la défensive, et nous pensons que tous les partis seront forcément amenés à adopter une répartition à peu près semblable.

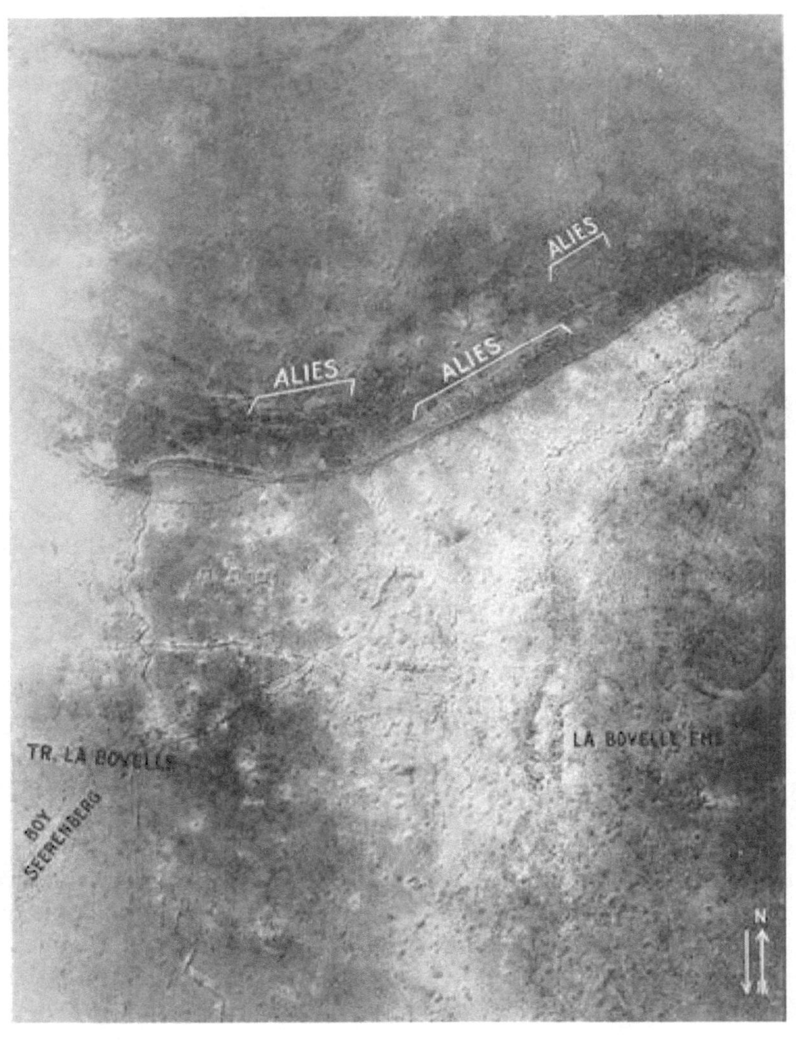

La Bovelle

5 mai 1917 — 10H30

La puissance de résistance des lignes de tranchées alliées étant bien inférieure à celle des lignes allemandes, les Alliés doivent, pour se prémunir contre le danger d'attaque, profiter de la supériorité de leur artillerie. Ils doivent disposer leurs forces en profondeur, de manière à assurer le refoulement de l'ennemi par une succession d'assauts qui l'ébranleront et l'empêcheront de se reformer.

Il est impossible de donner des règles strictes pour la répartition des forces entre les différentes lignes des divisions, régiments, bataillons et compagnies. La répartition dépend entièrement de la nature des opérations et est laissée à chaque unité à exécuter conformément aux commandes reçues. Lorsqu'une instruction suffisamment détaillée a été donnée à une unité au cours de son instruction, ces répartitions sont une affaire facile à décider, pourvu que les officiers de tous grades exécutent consciencieusement les devoirs que nous avons indiqués ailleurs.

TROUPES D'ASSAUT ET D'OCCUPATION. L'expérience a suggéré aux Alliés de diviser leurs troupes combattantes en corps d'armée d'assaut et en corps d'armée d'occupation.

Une fois les objectifs atteints et solidement tenus, les troupes d'assaut sont remplacées par les troupes d'occupation qui arrivent fraîches sur le terrain. Leur tâche, bien que défensive, est souvent difficile. Ils doivent rester longtemps sur les premières lignes, exposés, en raison des nouvelles méthodes allemandes, à des bombardements fréquents et violents, et obligés de repousser de nombreuses contre-attaques.

Les généraux commandant en chef sont les juges exclusifs du rôle que devront jouer les différents corps d'armée, mais il est, à notre avis, un principe qui ne doit jamais être méconnu dans la guerre. Dans l'armée, comme dans le bataillon et dans la compagnie, il est du devoir du chef de sélectionner pour l'action, indépendamment de toute rotation de service, l'élément des troupes sous son commandement qu'il juge le plus susceptible de parvenir au résultat souhaité.

Ce que nous avons dit de l'emploi de l'artillerie, de l'armement de l'infanterie, de la répartition de l'infanterie dans la division et des tranchées d'attaque, nous permettra de donner une idée exacte de la physionomie d'une action offensive et de sa préparation. .

ENGAGEMENTS OFFENSIFS. LEUR PRÉPARATION. La préparation des attaques dans une guerre de position est longue. En raison du travail qu'ils nécessitent, il est très difficile de cacher ces préparatifs sur le front à l'aviation adverse, et aussi, hélas ! de la curiosité de l'arrière.

Une attaque ne peut être décidée que par ordre du général en chef, qui décide où et sur quel front elle doit être menée. Il donne ses instructions au général commandant un groupe d'armées, qui, selon les circonstances, emploie une ou plusieurs de ses armées pour l'opération. Chaque général commandant une armée prépare un ordre d'opération pour chacun de ses corps d'armée, et ainsi de suite, jusqu'à ce que les instructions précises parviennent aux éléments de première ligne.

La préparation commence alors. Elle consiste à établir sur le terrain sous la protection des batteries :

1er. Les nouvelles lignes de l'infanterie, et, s'il y a lieu, les communications entre ces lignes ;

2d. L'emplacement de l'artillerie de tous calibres ;

3d. L'organisation des postes de commandement ;

4ème. La remontée des munitions et matériels de toutes sortes ;

5ème. La construction, à l'arrière du front d'attaque, de voies ferrées et de routes ordinaires en nombre suffisant, plutôt au-delà des besoins estimés qu'autrement ;

6ème. L'organisation des réserves d'infanterie.

7ème. La préparation de l'évacuation des blessés, et l'installation de grands hôpitaux de campagne, au plus près des lignes ;

8ème. L'organisation des postes d'évacuation ;

9ème. L'organisation des parcs ;

10ème. L'organisation des centres d'approvisionnement, etc.

Cette énumération, dans laquelle nous avons omis l'aviation, en raison de ses installations spéciales sur des terrains appropriés, donne une idée suffisante du travail qu'exige la préparation d'une offensive, qui prend généralement plusieurs semaines à accomplir.

Quelques jours avant l'attaque, on s'efforce de s'assurer la maîtrise de l'air. Des tirs de destruction sont alors dirigés contre les tranchées adverses. La comparaison des différentes plaques photographiques remises quotidiennement aux états-majors permet au Commandement de suivre l'avancée de la destruction des lignes et des positions ennemies. Lorsque la destruction est jugée suffisamment complète, l'ordre est donné d'attaquer, en des points déterminés, à une heure donnée d'un certain jour. La dernière opération de l'artillerie, appelée « tir de surprise roulant », consiste à soumettre de nombreuses portions du front à une série de bombardements terribles et rapides, qui laissent l'ennemi dans le doute sur les points contre lesquels doivent se diriger les attaques de l'infanterie. être lancé. A l'heure fixée, ces attaques commencent. L'artillerie de campagne couvre son infanterie par des barrages aussi intenses que possible. Les premières vagues d'assaut, suivies de celles des troupes d'appui, se précipitent sur les objectifs retenus, chassent l'ennemi par tous les moyens à leur disposition, les occupent et les organisent. Si nécessaire, les réserves interviennent, soit pour aider les troupes d'assaut, soit pour repousser les contre-attaques ennemies, le cas échéant.

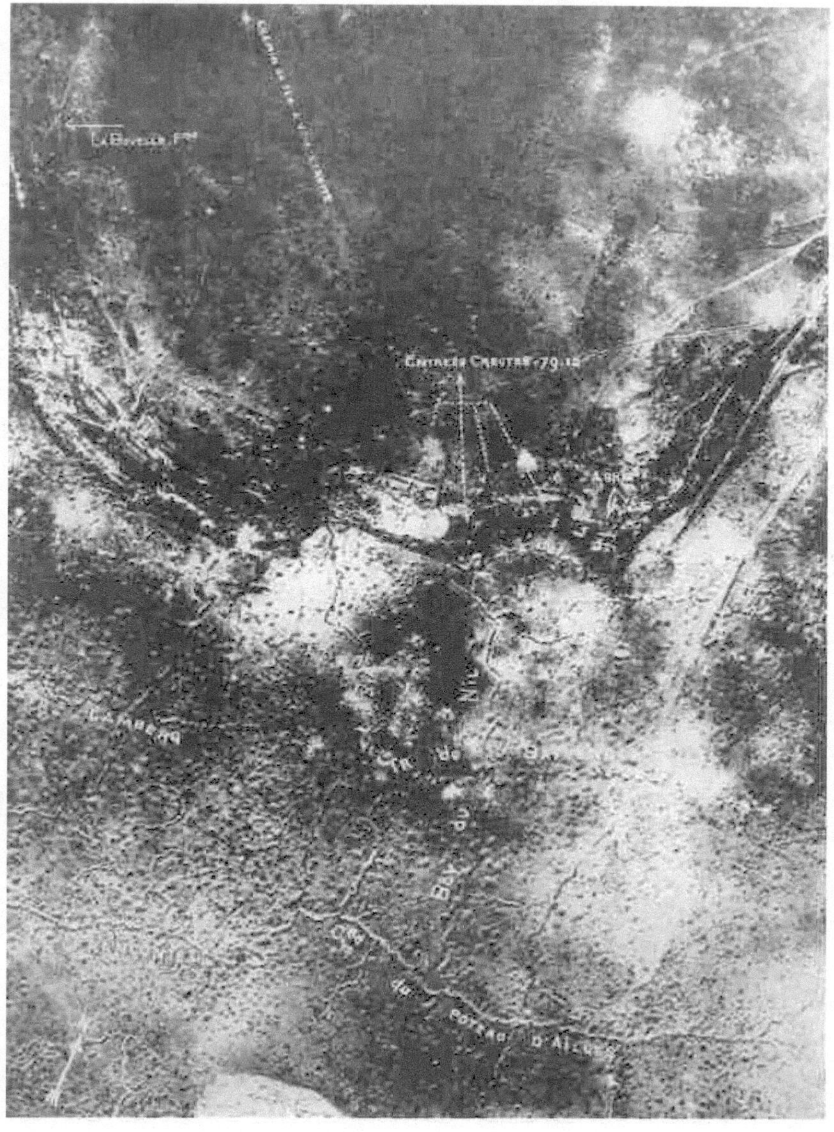

Tranchée « Battemburg »

4 mai 1917 — midi

Il a été décidé depuis quelque temps que les troupes ne devaient pas, cédant à leur ardeur ou à l'excitation d'un succès trop facilement acquis, dépasser les objectifs qui leur ont été assignés. Un examen attentif des dispositions défensives des Allemands que nous avons décrites révèle la sagesse de cette précaution. Il ne s'ensuit pas que des objectifs supplémentaires ne puissent être pris le même jour, mais dans ce cas l'avancée supplémentaire se fera par une nouvelle attaque et l'effort sera réparti en conséquence.

Des documents trouvés sur les Allemands en Champagne, en août, fournissent les détails suivants d'une attaque qu'ils avaient préparée au nord de la colline de Souain. Une attaque similaire avait été rendue impossible par l'action des Français à Verdun et par la destruction des réservoirs de gaz par l'artillerie française.

Trois divisions fraîches et quinze compagnies de *stosstruppen* (troupes de choc ou troupes spéciales d'assaut) devaient mener l'attaque avec des mitrailleuses légères, des *minenwerfer*, des signaleurs, des mineurs, des sapeurs, des gaziers, des grenadiers, des brancardiers et des patrouilles d'artillerie. Douze « escouades de butin » et douze « escouades de destruction », composées chacune d'un officier et de trente-deux hommes, devaient suivre les *stosstruppen*. Des dispositions avaient été prises en vue de retirer les canons capturés.

Ils s'étaient préparés à une formidable décharge d'un nouveau gaz par un régiment de sapeurs composé de six compagnies.

L'attaque au gaz devait être lancée pendant un quart d'heure. Une très forte préparation d'artillerie devait suivre, après quoi les *stosstruppen* devaient se précipiter en avant.

L'aviation devait jouer un rôle important et l'attaque devait être menée à l'aide de tous les moyens de liaison connus : estafettes, téléphonistes, signaux optiques, pigeons voyageurs, fusées lumineuses et télégraphie sans fil.

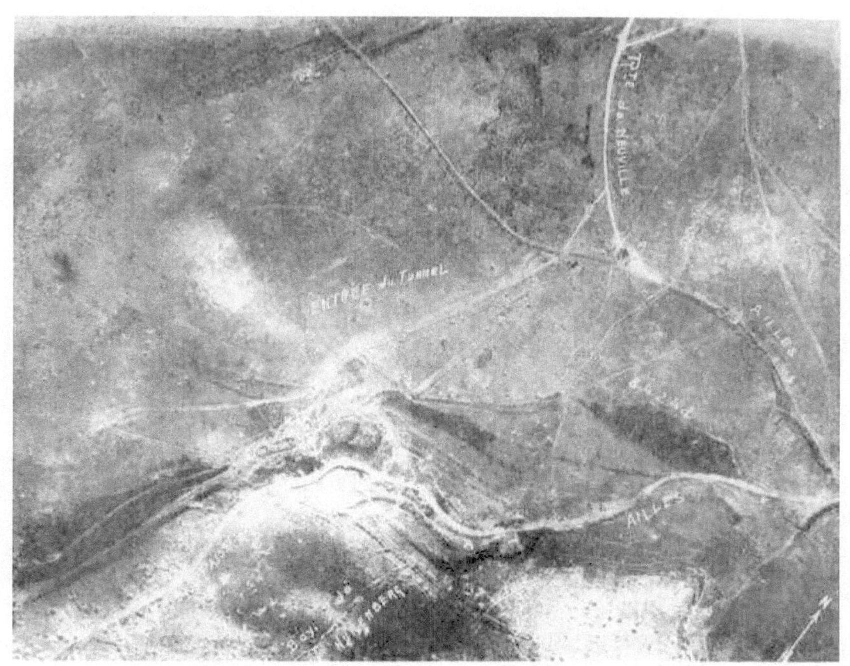

À l'ouest d'Ailles

4 mai 1917 — midi

L'ordre a été donné de rapatrier le plus grand nombre possible de Français victimes du gaz, en vue d'étudier les effets du nouveau produit.

Le 20 novembre 1917, la troisième armée anglaise, par une attaque surprise réussie, pénétra dans les lignes allemandes en profondeur et sur un large front.

Cette opération, préparée dans le plus grand secret, s'est déroulée sans le concours habituel de l'artillerie et des barrages. L'infanterie attaqua sous la protection de nombreux chars qui détruisirent les barbelés et les obstacles les plus importants.

Nous ne pensons pas que cette méthode deviendra désormais une règle.

Avant de lancer cette attaque, le commandant britannique a dû être informé par son aviation, ou par tout autre moyen, que le front allemand manquait d'artillerie et d'infanterie et il a dû très intelligemment profiter de cette situation momentanée.

Faut-il en conclure que les règles de préparation d'attaque, telles qu'énoncées ci-dessus, ne seront plus appliquées désormais ? C'est très douteux, étant donné que les Allemands ont préparé en France trop de lignes de défense les unes derrière les autres.

Cette victoire anglaise montre cependant que le haut commandement, chaque fois qu'il dispose d'informations permettant d'espérer un succès, devra combiner des attaques régulièrement préparées avec des attaques surprises sur les points où les effectifs allemands se trouvent être réduits.

Le succès de cette opération sur le front de Cambrai prouve que, si forte que soit une position, si nombreuses que soient ses lignes de défense, il sera toujours possible de la prendre lorsqu'elle ne sera pas protégée par une force suffisante d'artillerie et d'infanterie.

ENGAGEMENTS DÉFENSIFS. Lorsque les troupes doivent résister à une attaque contre leurs lignes, elles doivent garder à l'esprit le très bon principe de guerre selon lequel une résistance passive ne peut aboutir qu'à une défaite. Sur les premières lignes, il faudra accumuler tous les éléments nécessaires pour une résistance la plus longue possible. L'infanterie aura alors l'occasion de faire un usage judicieux des fusils, des grenades, des mitrailleuses à fusil et des mitrailleuses en plus grand nombre possible. Les troupes d'appui et les réserves doivent être prêtes à contre-attaquer l'ennemi sans perte de temps et à le chasser des tranchées qu'il occuperait temporairement. Nous avons souvent vu des attaques allemandes contre des tranchées avancées repoussées au moment même de leur succès par une simple charge à la baïonnette effectuée par les troupes des premières lignes. Mais c'est à l'artillerie de campagne qu'appartient le rôle le plus important pour repousser les attaques de l'ennemi, et les « communiqués » de tous les Alliés montrent que huit attaques sur dix sont repoussées par des tirs de barrage. Lorsque les aviateurs peuvent signaler à temps exactement où les troupes ennemies sont regroupées pour l'attaque, l'artillerie de tranchée peut faire de grands dégâts dans les rangs de ces formations habituellement compactes.

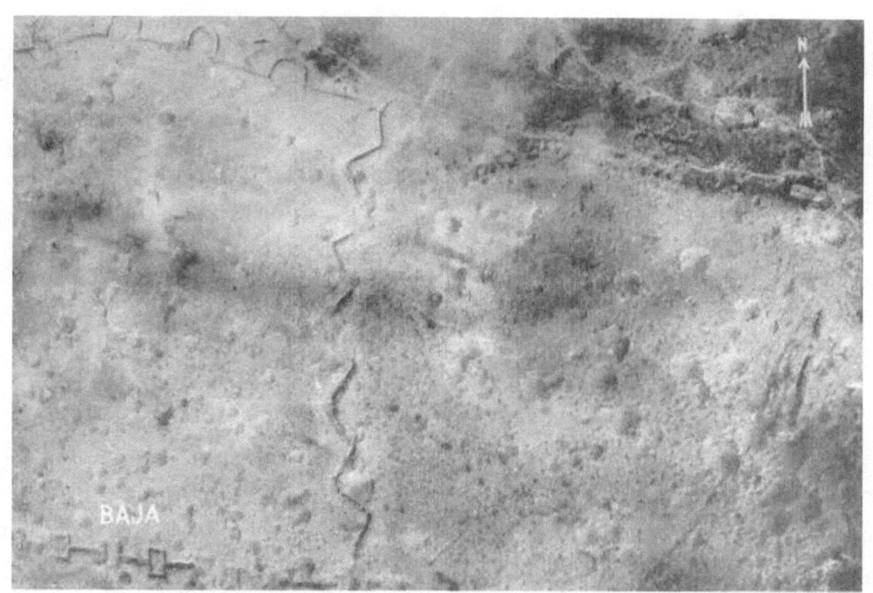

Vue prise vers 10 HEURES DU MATIN lors de l'attaque du 5 mai 1917

ENGAGEMENTS PROLONGÉS. Ce que nous venons de dire se rapporte à des attaques menées à partir de lignes régulièrement organisées et qui n'ont pas été entièrement détruites par les tirs d'obus.

Sur un terrain où les combats se sont déroulés sans interruption, les tranchées sont entièrement détruites, et les hommes et mitrailleuses appartenant aux troupes de première ligne ne restent sans autre abri que des cratères d'obus, autant que possible reliés entre eux. pendant la nuit par des tranchées peu profondes, à condition que ces travaux ne soient pas empêchés par des tirs d'obus continus. Les tranchées de communication avec l'arrière n'existent plus ; et les connexions ne peuvent être maintenues qu'avec la plus grande difficulté ; par quels moyens, nous l'expliquerons plus tard.

Pour reprendre l'attaque dans de telles conditions, il faudra choisir le moment précis où l'ennemi est censé être démoralisé par l'artillerie, et précipiter les troupes en avant. Dans presque tous les cas, le concours de troupes fraîches ou de troupes ayant peu souffert sera nécessaire.

Ces opérations de terrain sont difficiles et nécessitent de la part des chefs comme des soldats une volonté résolue de conquérir et une connaissance approfondie des conditions de guerre.

Lors des derniers combats dans la Somme, dans l'Aisne et à Verdun, les fractions avancées d'infanterie durent tenir plusieurs jours dans des cratères d'obus non reliés les uns aux autres et souvent remplis d'eau. Les tirs nourris d'obus ennemis rendaient tout mouvement impossible et stoppaient l'arrivée de tous les approvisionnements. Les lignes adverses se confondaient souvent les unes avec les autres et les combats à la grenade se poursuivaient de trou en trou. C'est pourtant dans des conditions si éprouvantes que nos troupes se sont battues pied à pied pour défendre les lignes françaises à Verdun, et leur résistance héroïque a permis au Commandement de préparer de nouvelles positions, de redistribuer les troupes et de les faire avancer, après avoir finalement déjoué les grand effort allemand.

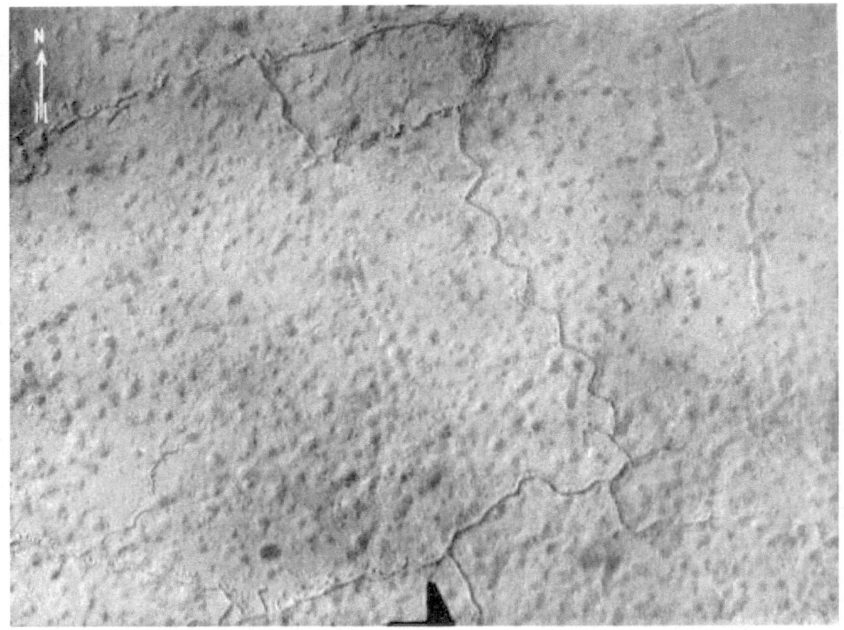

Vue prise vers 10 HEURES DU MATIN lors de l'attaque du 5 mai 1917

POSTES DE COMMANDEMENT. Dans une division tous les commandants d'unités depuis le Général de Division jusqu'au Major dirigent le combat depuis des quartiers appelés Postes de Commandement. Ces quartiers, rendus autant que possible à l'épreuve des tirs d'artillerie de campagne, doivent dominer le champ de bataille. Ils sont équipés de tous les moyens de communication rapides, tant télégraphiques que téléphoniques. Les fils, bien que nombreux et profondément enfouis, résistent rarement au bombardement jusqu'au moment de l'attaque. En dernière ressource, on a recours aux signaux, aux appareils optiques, aux pigeons voyageurs et aux messagers. Des appareils de télégraphie au sol, qui semblent destinés à devenir d'un usage général, ont été récemment employés, mais nous ne les avons pas vus en fonctionnement.

Les communications entre les lignes avancées et l'arrière étant devenues très difficiles lors des bombardements préparatoires et des barrages, souvent maintenus sans interruption pendant plusieurs jours, les armées occidentales ont de nouveau eu recours aux pigeons voyageurs, fournis en gros nombres par des sociétés privées, existant avant la guerre. Leur coopération est très utile et contribue à sauver de nombreuses vies humaines. Ils sont également envoyés par avion chaque fois que l'utilisation de la télégraphie sans fil n'est pas jugée opportune. Ils rendent de grands services pour maintenir la communication entre l'avant et l'arrière et sont également d'une valeur inestimable pour relier l'arrière à l'avant.

SIGNALISATION. La difficulté de communication entre l'arrière et le front lors des bombardements va nécessiter le recours croissant aux avions d'infanterie pour la direction des opérations. Les avions, reliés par radio aux différents états-majors divisionnaires, sont capables d'envoyer des informations et à leur tour, de recevoir et de transmettre des ordres par signal aux troupes présentes sur le front.

Ces avions assureront également une liaison entre l'infanterie et l'artillerie de campagne, liaison qui doit être étroite et continue si l'on veut éviter des conséquences démoralisantes, comme celles qui se produisent trop fréquemment dans tous les camps.

Après les combats anglo-allemands en Artois, les prisonniers allemands, respectivement de l'infanterie et de l'artillerie, durent être séparés, tant le sentiment était grand entre eux. Les fantassins affirmèrent qu'ils n'avaient pas bénéficié d'une protection suffisante et voulaient « l'enlever » aux artilleurs.

Afin d'éviter toute confusion lors des attaques d'infanterie, les avions de guidage n'envoient ordinairement qu'une seule sorte de signal de roquette, indiquant à l'artillerie soit un allongement, soit un raccourcissement de la portée d'une centaine de mètres.

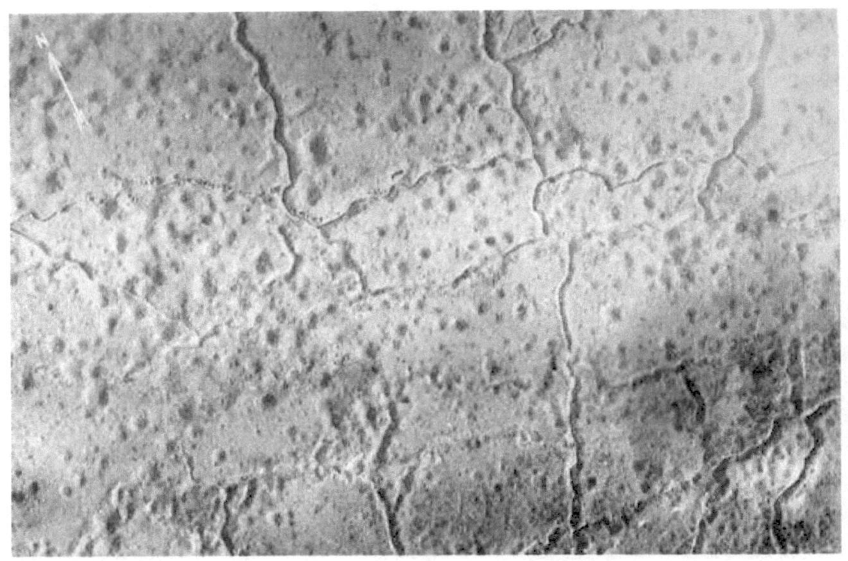

Vue prise vers 10 HEURES DU MATIN lors de l'attaque du 5 mai 1917

BATAILLONS DE TROIS COMPAGNIES. Parallèlement à la réduction des effectifs de certaines divisions, les bataillons furent reconstitués en une formation de trois compagnies.

Une compagnie d'infanterie est en principe composée de deux cent cinquante hommes, quota qui est cependant purement théorique, car ce nombre se réduit rapidement par diverses causes, telles que maladie, perte au combat, etc.

CADRE DE L'ARMÉE. Les grades des officiers et sous-officiers de l'armée française ont été renouvelés à plusieurs reprises depuis le début de la guerre. De nombreux capitaines en 1917 n'étaient que de simples soldats en 1914 et la plupart d'entre eux sont très jeunes. Ce sont en général d'excellents officiers, et il est regrettable que ceux qui ont fait leurs preuves ne soient pas promus encore plus rapidement.

L'esprit de routine qui prévaut dans une armée dirigée par des soldats ayant une formation professionnelle régulière est souvent responsable de la promotion au haut commandement d'hommes trop âgés pour diriger efficacement une guerre longue et épuisante comme celle-ci.

Il n'y a aucune raison de penser que le peuple américain, pas plus que les Britanniques et les Français, rencontrera de sérieuses difficultés pour recruter et former rapidement un état-major solide d'officiers de tous grades.

Ils ne rencontreront pas non plus, comme les Alliés, de difficultés insurmontables pour combler les brèches que le feu ennemi creusera parmi eux.

4. Un mot sur la cavalerie. Si dans ce traité nous n'avons pas consacré un chapitre à l'emploi de la cavalerie, c'est que, depuis septembre 1914, la cavalerie n'a eu que peu d'occasions d'opérer comme telle.

La cavalerie a été généralement utilisée dans la guerre de tranchées actuelle de la même manière que l'infanterie. Son nombre a été réduit ; celui du corps d'armée a été supprimé, et deux escadrons seulement ont été attribués à chaque division.

Quelques régiments de cuirassiers ont été démontés, faute de chevaux convenables.

Mais nous pensons que, malgré le petit rôle que la cavalerie a pris dans la guerre au cours des trente derniers mois, l'occasion ne manquera pas de se présenter.

Quelques corps de cavalerie, comprenant plusieurs divisions, ont été conservés et, pendant les offensives, ils sont prêts à se diriger vers le front au cas où les lignes ennemies seraient brisées.

Les escadrons de cavalerie rendirent de bons services aux Britanniques et aux Français lors de la poursuite en mars 1917.

Les Allemands ne pourront peut-être pas toujours protéger leurs retraites par la dévastation désertique de trente ou quarante kilomètres de pays. Leur point faible sera découvert un jour ou l'autre, et ce jour-là la cavalerie reprendra son importance.

La difficulté de se nourrir et de se procurer des chevaux semble avoir contraint les Allemands à réduire considérablement leurs forces de cavalerie.

CHAPITRE VII
ARMES INTERDITES

1. Gaz asphyxiants.

2. Gaz lacrymogènes.

3. « Gaz-vésicant ».

4. Feu liquide.

1. Gaz asphyxiants. Durant la guerre actuelle, l'Allemagne a pillé les arcanes de la science pour trouver les moyens de détruire ses ennemis. Celles auxquelles elle avait eu recours avaient été interdites et condamnées comme appartenant aux époques barbares par toutes les conventions auxquelles elle avait adhéré et par tous les accords qu'elle avait signés.

Des gaz asphyxiants sont utilisés pour la première fois contre les troupes britanniques sur l'Yser. Les vapeurs corrosives du chlore sont mortelles pour tous ceux qui y ont été suffisamment exposés, et lorsqu'elles sont dirigées pour la première fois contre un ennemi non préparé et sans méfiance, leurs effets sont terribles.

Heureusement l'emploi de ces gaz n'est possible que lorsque le vent est favorable et le temps sec ; et comme la coïncidence de ces conditions est exceptionnelle, notamment dans le nord de la France, les Alliés ont eu le temps d'inventer des masques de protection et de les distribuer à leurs troupes.

Les modèles adoptés s'enfilent facilement et rapidement même dans l'obscurité et sont efficaces pendant plusieurs heures. Chaque soldat en reçoit un.

Au début, alors que les offensives gazeuses en étaient encore au stade expérimental, les attaques allemandes se limitaient à des décharges uniques, plus ou moins rapidement dissipées par le vent et tout à fait inoffensives pour les adversaires équipés de bons masques.

Mais peu de temps après, lorsque leurs armes se retournèrent contre eux et que leurs tranchées furent « gazées » par les Alliés, les Allemands découvrirent par expérience qu'un masque provoque une grande fatigue et même un épuisement si son usage est très prolongé (puisqu'il gêne tellement avec la respiration), ils modifièrent leur mode opératoire et commencèrent à profiter des vents favorables pour lancer des vagues successives de gaz, afin d'épuiser leurs ennemis en les gardant le plus longtemps possible dans leur masque.

Ensuite, comme l'approche du nuage de gaz blanchâtre était facilement visible et toujours promptement signalée par les vigies, les savants allemands, dans un effort de surprendre leurs adversaires, modifièrent leurs formules originales et produisirent des gaz incolores, plus difficiles mais en aucun cas impossible à détecter.

2. Gaz lacrymogènes. Il s'agissait ensuite de trouver un moyen d'annuler autant que possible la protection des appareils respiratoires, c'est pourquoi les *bons* Allemands ont inventé les gaz lacrymogènes qui, malgré les lunettes spéciales ajoutées aux masques, gênent rapidement la vision. et mettre la victime *hors de combat* .

Les Alliés furent contraints, pour se défendre, de recourir à des moyens similaires.

3. « Gaz-vésicant ». Un nouveau gaz inventé également par les Allemands a fait son apparition sur le front occidental. Il est connu en France sous le nom de *gaz-vésicant* ; il n'agit qu'au bout de quelques heures ; il est incolore et inodore ; il détruit tous les tissus aussi complètement qu'ils le seraient sous l'action de l'acide sulfurique.

Nous avons évoqué l'utilisation prépondérante d'obus asphyxiants dans les tirs de neutralisation. Toutes nos armées sont aujourd'hui dotées de divers appareils générateurs de gaz, dont certains ont donné d'excellents résultats en termes de précision et de rapidité de décharge.

Il y a une autre raison pour laquelle les Allemands ne devraient pas se féliciter de cette invention. Les vents d'ouest et du nord-ouest sont plus fréquents en France que les vents d'est, de sorte que les attaques au gaz peuvent être plus fréquentes par les Alliés que par leurs ennemis.

4. Feu liquide (*flammenwerfer*). Lorsque ni les armes ni les gaz ne répondirent à leurs attentes et qu'ils virent que la « fureur Teutonica » incarnée dans les attaques massives des meilleurs soldats du Kaiser était impuissante à percer les lignes franco-britanniques, les Allemands eurent recours au feu liquide. .

Par temps favorable, avant le lancement des attaques, des hommes portant de lourdes cuirasses pare-balles en acier sont envoyés en avant, portant sur leur dos des réservoirs très semblables à ceux utilisés dans les fermes pour asperger les récoltes de sulfate. Grâce à des buses reliées à ces réservoirs, ils projettent, par la force de l'air comprimé, des courants de liquide en feu à une distance de cinquante à soixante mètres. Les denses nuages de fumée noire produits par le feu liquide masquent ses porteurs à la vue de l'ennemi.

Le feu liquide, surtout au début, lorsque les Alliés n'étaient pas préparés à ce mode d'attaque, rendit de bons services aux Allemands en leur permettant de prendre à peu de frais quelques tranchées avancées.

Les résultats actuels sont moins brillants. Les grenades ont fait contre les porteurs de *flammenwerfer* en cotte de mailles un travail que les fusils ou les mitrailleuses ne pouvaient pas faire. Lorsqu'un porteur tombe, la lance sans maître ne continue pas toujours à cracher ses flammes en direction de l'ennemi, mais se retourne souvent contre les autres porteurs, et même contre les troupes mêmes dont elle est censée protéger l'avancée, semant ainsi un grand désordre. dans leurs rangs.

Récemment, afin de compenser la baisse de moral de leurs troupes, les Allemands ont de plus en plus recours aux *flammenwerfer*.

Les Alliés ont adopté à leur tour un appareil similaire et les Allemands ont eu plus d'une fois l'occasion de se rendre compte qu'il est aussi utile en défensive qu'offensive.

Les appareils à gaz et *les flammenwerfer* doivent être aussi portables et maniables que possible.

Ils ne devraient jamais être exploités par d'autres que des troupes spécialement entraînées, pleinement instruites et parfaitement compétentes.

En France, des détachements de sapeurs ou de mineurs se voient confier ces appareils.

CHAPITRE VIII
CONCLUSION

NOUS avons essayé de présenter, sans entrer dans les détails techniques enseignés par les officiers composant les différentes missions alliées, une esquisse générale des conditions et des principaux facteurs de la guerre moderne qui suffira à donner une idée d'une armée moderne et son fonctionnement sur le terrain.

Nous espérons que nos explications aideront à lire entre les lignes des « communiqués », à comprendre le plan et l'importance des engagements individuels et enfin à permettre à ceux qui ont des proches au Front de les suivre à leur poste et de pleinement conscience de l'importance des rôles qui leur sont assignés.

Avant de conclure, nous aimerions avoir le privilège d'exprimer notre opinion personnelle sur les méthodes propres à hâter l'instruction des nouvelles armées des États-Unis.

Tout le monde s'accorde sur la nécessité d'agir rapidement et efficacement.

La défection de la Russie sur le front oriental et les récents revers très graves des Italiens, dont les Allemands n'ont pas manqué de promptement profiter, ont rendu plus difficiles les efforts des armées alliées sur le front occidental.

L'instruction des unités américaines peut être terminée en France, d'abord dans des camps, puis dans des secteurs tranquilles, jusqu'à ce que le haut commandement américain estime que le moment est venu de jeter ses forces au cœur du combat.

Malgré les immenses ressources des États-Unis, les difficultés de transport seront sans doute telles qu'elles obligeront les autorités militaires à tenir un certain nombre de divisions dans les camps d'instruction en Amérique.

L'instruction de ces troupes doit, nous semble-t-il, être aussi complète que possible.

Les pays alliés ont délégué aux États-Unis des officiers distingués qui ont participé à la guerre et qui en connaissent toutes les difficultés. On souhaiterait qu'ils procèdent, ne serait-ce que sur un front court, à une reproduction exacte des champs ravagés par les obus sur lesquels les troupes américaines sont destinées à manœuvrer en Europe. Les petites unités qui pourraient être entraînées successivement et fréquemment sur ces terrains préparés auraient ainsi moins de temps à passer dans les camps d'instruction en France et pourraient être envoyées plus rapidement au Front.

Dans les vastes territoires des États-Unis, un terrain adapté à cet objectif ne serait pas difficile à trouver, et le plan offrirait l'occasion de donner aux dernières divisions à embarquer une instruction complète dans toutes les questions de détail et une parfaite connaissance de toutes les composantes. éléments d'une armée, depuis ceux d'une compagnie jusqu'à ceux d'une division.

Insistons sur le fait que, dans cette guerre, l'art de creuser et de retrancher rapidement est une des principales choses que doivent apprendre les troupes, car des formations spéciales ne peuvent être affectées à ce travail et chaque soldat doit porter un équipement de retranchement. outil et doit savoir comment l'utiliser.

Il faudra donc que les unités pratiquent le retranchement à grande échelle, et enfin perfectionnent leur instruction par des exercices sur un terrain ravagé par les obus semblable à celui du Front.

Nous suggérons, afin de familiariser les troupes avec le mode réel de destruction des ouvrages défensifs, de s'entraîner avec une artillerie obsolète qui n'est pas adaptée à une utilisation sur le front. Il est également de la plus haute importance d'habituer les hommes le plus rapidement possible à la vue et au bruit des coups de feu. Nous suggérons que les exercices finaux d'assaut soient accompagnés de feux de rideau effectués, pour éviter tout risque d'accident, environ trois cents mètres en avant des premières lignes.

On peut ajouter que le mode d'instruction que nous préconisons ici serait aussi bénéfique aux chefs qu'aux hommes. C'est seulement ainsi qu'ils comprendront pleinement à l'avance les difficultés qu'ils rencontreront face au seul facteur qu'il est impossible d'inclure dans un quelconque programme de formation : l'Ennemi ; un ennemi qui, jusqu'au bout, sera habile et redoutable.

www.ingramcontent.com/pod-product-compliance
Lightning Source LLC
LaVergne TN
LVHW091203180726
843490LV00007B/2549